中华优秀传统文化在高校心理教育中的价值与应用研究

李　星　孟凡斐　著

中国商业出版社

图书在版编目(CIP)数据

中华优秀传统文化在高校心理教育中的价值与应用研究 / 李星，孟凡斐著. -- 北京 ：中国商业出版社，2024. 7. -- ISBN 978-7-5208-3001-0

Ⅰ. G444

中国国家版本馆 CIP 数据核字第 20241UT073 号

责任编辑:管明林

中国商业出版社出版发行

(www.zgsycb.com 100053 北京广安门内报国寺 1 号)

总编室:010－63180647 编辑室:010－83114579

发行部:010－83120835/8286

新华书店经销

天津和萱印刷有限公司印刷

*

787 毫米×1092 毫米 16 开 9.25 印张 155 千字

2024 年 7 月第 1 版 2024 年 7 月第 1 次印刷

定价:45.00 元

* * * *

(如有印装质量问题可更换)

前　言

中华优秀传统文化强调个人的修身养性、人际关系的和谐以及社会责任的担当。这些理念与高校心理教育的目标高度契合，有助于引导学生树立正确的世界观、人生观和价值观，增强他们的心理韧性和自我调节能力。同时，中华优秀传统文化的经典故事、哲理名言等为高校心理教育提供了丰富的素材和案例，使得心理教育更加生动、具体和深入。因此，研究中华优秀传统文化在高校心理教育中的价值与应用具有重要的现实意义。

本书从中华优秀传统文化概述入手，分别对高校心理教育的基础知识、中华优秀传统文化在高校心理教育中的价值、中华优秀传统文化在高校心理教育中的应用策略、中华优秀传统文化在高校心理咨询与辅导中的应用进行了深入探讨。希望通过本书的介绍，能够为读者在中华优秀传统文化在高校心理教育中的价值与应用研究方面提供帮助。

本书主要汇集了笔者在工作、实践中取得的一些研究成果。在撰写过程中，笔者参阅了相关文献资料，在此，谨向相关作者深表感谢。

由于笔者水平有限，加之时间仓促，书中难免存在不足和疏漏，敬请广大读者批评指正。

作　者

2024 年 5 月

目　录

第一章　中华优秀传统文化概述 …… 1
第一节　中华优秀传统文化的定义与内涵 …… 1
第二节　中华优秀传统文化的核心价值观 …… 9
第三节　中华优秀传统文化的现代意义 …… 22
第二章　高校心理教育的基础知识 …… 36
第一节　高校心理教育的定义与内涵 …… 36
第二节　高校心理教育的实施途径 …… 42
第三章　中华优秀传统文化在高校心理教育中的价值 …… 54
第一节　中华优秀传统文化在塑造健康人格中的价值 …… 54
第二节　中华优秀传统文化在塑造学生道德品质中的价值 …… 63
第三节　中华优秀传统文化在培养学生创新能力中的价值 …… 71
第四章　中华优秀传统文化在高校心理教育中的应用策略 …… 80
第一节　将中华优秀传统文化融入心理健康教育课程 …… 80
第二节　通过校园文化活动和社会实践推广中华优秀传统文化 …… 95
第三节　通过网络平台和新媒体传播中华优秀传统文化 …… 106
第五章　中华优秀传统文化在高校心理咨询与辅导中的应用 …… 117
第一节　中华优秀传统文化与心理咨询理念的融合 …… 117
第二节　中华优秀传统文化在心理咨询中的应用 …… 124
第三节　中华优秀传统文化在危机干预与心理援助中的贡献 …… 130
参考文献 …… 139

第一章　中华优秀传统文化概述

第一节　中华优秀传统文化的定义与内涵

一、中华优秀传统文化的基本定义

（一）文化的基本概念

从内容构成来看，文化包括物质文化、制度文化和精神文化三个层面。物质文化是指人类劳动所创造的物质产品，如各种生产工具、生活用品、艺术品等，反映了一个社会的物质生产力水平。制度文化则是人们在社会生活中形成的各种组织形式、行为规范和管理方式，如政治制度、法律制度、道德规范等，对社会成员的行为起到约束和调控作用。精神文化是人类在认识和改造世界过程中所创造的精神产品，如文学艺术、哲学思想、价值观念等，体现了一个民族的心理素质和精神风貌。三种文化形态相互依存、相互影响，共同构成了文化的完整体系。

从表现形式来看，文化可分为显性文化和隐性文化两种类型。显性文化是指那些具有直接可感性、易于观察和描述的文化现象，如语言文字、服饰饮食、建筑风格等。这些文化要素通常具有鲜明的民族特色，是一个民族区别于其他民族的重要标志。而隐性文化则是指那些潜藏在人们内心深处、难以察觉却深刻影响着人们行为的文化因素，如价值取向、思维方式、审美情趣等。隐性文化虽然不易觉察，却是文化的深层内核，决定着显性文化的基本特征。因此，全面理解一种文化，不仅要关注其显性表现，更要挖掘其隐性内涵。

从作用功能来看，文化对个人发展和社会进步具有重要的引导、规范、激励等作用。一方面，优秀的文化能够陶冶情操、启迪心智，帮助个体形成健全的人格和正确的价值观，为人的全面发展提供精神动力。另一方面，先进的文化也是推动社会变革、促进社会进步的重要力量。历史表明，每一次重大的社会变革都伴随着文化观念的更新，文化在社会发展中往往起着先导性的作用。因此，重视文化建设，大力弘扬先进文化，对于实现国家富强、民族振兴、人民幸福具有十分重要的意义。

（二）传统文化的定义

从纵向来看，传统文化经历了起源、发展、成熟等不同阶段，其内涵也随之不断丰富和深化。以中华传统文化为例，从先秦诸子百家争鸣到魏晋玄学的兴起，从隋唐时期儒道释三教合流到宋明理学的发展，中华传统文化在继承中不断创新，在融合中日益完善，形成了源远流长、博大精深的文化体系。每一次文化转型都为传统文化注入了新的血液，使其更加丰富多元，也更加贴近时代需求。

从横向来看，传统文化又体现出不同区域、不同民族的特色。中国幅员辽阔，各地区在地理环境、历史经历、风俗习惯等方面存在差异，这就形成了地域文化的多样性。譬如，北方文化注重豪放刚健，南方文化则倾向于细腻婉约；西北地区深受游牧文化影响，东南沿海则融合了更多海洋文化的元素。不同的地域文化相互交融，共同构成了中华传统文化的多元一体格局。

不同民族也为传统文化增添了独特的色彩。中华民族是一个统一的多民族大家庭，56个民族在长期交往交流交融中形成了你中有我、我中有你的多元一体文化。每个民族都有自己独特的语言文字、宗教信仰、生活方式，这些都成为中华文化宝库中璀璨的明珠。在传统文化的海洋里，各民族文化犹如一条条奔腾不息的河流，汇聚成中华文明的壮阔景观。

（三）优秀文化的标准

从历史影响力来看，优秀文化往往经受住了时间的检验，在一个较长的时期内对社会发展产生了重要影响。它或是推动了生产力的进步，改善了人们的物质生活条件；或是促进了社会结构的变革，推进了人类文明的进程；或是丰富了民族的精神世界，塑造了鲜明的民族性格。这些宝贵的文化遗产凝聚着先人的智慧结晶，记录着民族的发展轨迹。正是在长期的传承、积淀、创新中，优秀文化才树立起了不朽的历史地位，成为一个民族、一个国家，乃至整个人类的精神财富。

从现实意义来看，优秀文化应与时俱进，回应时代课题。在新的历史条件下，那些能够为人民群众所喜闻乐见，为社会主义现代化建设服务，体现中华民族整体利益，彰显中国特色、中国风格、中国气派的先进文化，无疑具有强大的现实感召力。这些文化以其鲜活的时代气息、深厚的人文内涵、昂扬的精神风貌，吸引着亿万民众。它们不仅是凝聚人心、鼓舞斗志的精神力量，更是引领社会思潮、推动时代发展的强大动力。

二、中华优秀传统文化的基本特征

（一）多样性

从横向维度看，中华优秀传统文化具有鲜明的地域特色。我国幅员辽阔，各地区在自然地理、历史渊源、风俗习惯等方面存在显著差异，这就决定了不同区域的文化必然呈现多样化的特点。比如，西北地区的文化多呈现豪放不羁的特点，这与当地的地理环境和民族性格密不可分；江南地区的文化则更多体现出细腻柔和的一面，这与水乡泽国的自然景观和生活方式有着内在联系。正是由于有了这种地域上的差异，才使得中华文化呈现绚丽多姿的色彩。

从纵向维度看，中华优秀传统文化在不同历史时期也呈现多样化的发展态势。每一个朝代都有其独特的时代特征，这些特征必然会烙印在当时的文化形态之中。先秦时期，百家争鸣，诸子百家的思想交锋，推动了中华文化的多元发展；魏晋时期，名士风流，文化呈现放达不羁的个性张扬；唐代开放包容，吸收融合外来文化，形成了气象万千的盛唐气象；宋代理学昌明，文化呈现恢宏深邃的品格……种种迥异的时代风貌，共同织就了中华文化多彩的历史画卷。

中华文化的多样性还体现在不同民族文化的交融互鉴之中。我国是一个统一的多民族国家，每个民族都有自己独特的文化传统，这些传统在互动中相得益彰，共同构成了中华文化多姿多彩的主题。少数民族文化为中华文化注入了新的活力，而中原文化也滋养了少数民族文化的发展，多元和一体的辩证法则推动了中华文化生生不息、绵延至今。

文化的多样性不仅仅局限于文学艺术等领域，在社会生活的方方面面都有所体现。比如，在饮食文化中，各地风味菜系品类繁多；在服饰文化中，从汉服到旗袍，从唐装到马褂，无不体现着独特的地域和时代特色；在建筑文化中，从北方四合院到岭南骑楼，从徽派民宅到川西碉楼，无不彰显着因地制宜的智慧结晶……生活的点点滴滴，都蕴藏着中华文化多样性的深刻内涵。

（二）包容性

从地域角度看，中华文明囊括了从东部沿海到西部内陆，从南方丘陵到北方平原的广袤疆域。这片土地上生活着56个民族，各民族在长期交往交流交融中，共同缔造了灿烂的中华文化。正是得益于文化的包容性，多民族才能在中华大地和睦共处，共同推进中华文明的发展。

从时间维度看，中华文明在与域外文明的交流中表现了极大的包容性。“张骞通西域”开辟的丝绸之路，是中华文明与西方文明交流的重要通道。外来文化与本土文化交织融合，最终成为中华文化不可分割的一部分。即便是在近现代史上，面对西方列强坚船利炮的入侵，中华儿女仍然以海纳百川的胸襟，积极学习西方先进的科学技术和制度文明，将其转化为振兴中华的强大力量。

中华优秀传统文化的包容性从政治理念上表现为“协和万邦”的天下观。在传统的华夏世界观中，天下并非由势不两立的敌对力量所主导，而是由差异互补的和谐共生体来维系。“协和万邦”的理念超越了偏狭的种族主义和狭隘的民族主义，体现了中华先民海纳百川、兼容并蓄的政治智慧。这一理念强调尊重差异、包容多元，为构建人类命运共同体提供了重要启示。

（三）连续性

从历史维度来看，中华优秀传统文化经历了从古代到近现代的漫长演进过程。在这一过程中，儒家思想、道家哲学、佛教文化等都对其产生了深远影响。这些思想文化相互交融、相互补充，最终形成了博大精深的中华文化体系。尽管在不同历史时期，中华文化呈现不同的特点和风貌，但其核心价值理念却一脉相承，体现了强大的生命力。

从现实维度来看，中华优秀传统文化仍然深深根植于当代中国人的精神血脉之中。无论是讲究“孝悌忠信、礼义廉耻”的道德操守，还是崇尚“和而不同、求同存异”的处世哲学，抑或是追求“天人合一、道法自然”的生态理念，这些传统文化的智慧结晶都内化为国人的价值追求和行为准则。即便在现代化浪潮的冲击下，传统文化依然潜移默化地影响着国人的精神世界。

从未来维度来看，中华优秀传统文化还将继续发挥引领社会发展的重要作用。在全面建成社会主义现代化强国的伟大征程中，传统文化不仅是凝聚民族精神、坚定文化自信的力量源泉，更是激励后人奋发图强、再创辉煌的精神动力。面向未来，我们要在传承创新中赓续文化血脉，使中华民族永葆青春活力。

（四）创新性

1. 哲学思想

儒家学说作为中华文化的主干，经过孔子、孟子等思想家的创造性阐发，奠定了仁义礼智信等核心价值理念，但在此基础上，又涌现荀子、董仲舒等的创新思考。魏晋时期的玄学思潮、唐宋时期的新儒学、明清时期的心学等，都是在批判继承传统儒学的基础上，对其进行创新发展的结果。这些创新性的哲学思想，丰富和完善了中华文化的精神内核，使其能够适应不同时代的需求。

2. 艺术形式

比如，诗歌创作，从《诗经》的四言体到汉乐府的五言、七言，再到唐诗的近体格律，宋词的婉约豪放，无不彰显文学艺术家开拓创新的才华。又如，书法艺术，从汉代的隶书到唐代的楷书、行书、草书，再到宋元的瘦金体，明清的碑学等，展现书家在艺术风格上孜孜不倦的创新追求。这些艺术形式的创新，极大地丰富了中华文化的审美内涵和艺术魅力。

3. 科技发明

四大发明作为古代中国对世界文明的伟大贡献，无不凝聚着一代代科技工作者的智慧结晶和创新成果。造纸术的发明，使得文化得以广泛传播；火药的发明，带来了军事领域的革命性变革；印刷术的创造，标志着人类进入了文明传播的新纪元；指南针的诞生，引领航海技术实现了跨越式发展。这些原创性的科技发明，不仅极大地推动了中华文明的进步，更为人类文明的发展做出了不可磨灭的贡献。

4. 对外来文化的包容吸收和创造性转化

面对佛教文化、西域文化的传入，中华文化并没有简单地照搬照抄，而是主动融合，取其精华，实现了文化的创造性转化。例如，将佛教思想与本土儒道文化相融合，既丰富了中华文化的思想内涵，又催生了禅宗等富有创造性的佛教流派。正是凭借这种海纳百川的胸怀和善于创新的禀赋，中华文化才能够成为一个兼收并蓄、生生不息的文化体系。

在新的历史条件下，我们要充分发掘中华优秀传统文化的创新基因，继承创新精神，把创新理念贯穿文化传承发展的各个环节，不断赋予中华优秀传统文化以新的时代内涵。要坚持马克思主义在意识形态领域的指导地位，用马克思主义哲学智慧激活中华优秀传统文化的思想理念。要结合新的实践需求和时代特点，在传统文化的土壤中培育和孕育新的文化样式和文化形式。要立足中华文化，博采众长，创新性地吸收借鉴人类文明的一切优秀成果，不断拓宽中华文化的国际视野和现代表达。唯有如此，才能不断深化中华优秀传统文化的时代价值，永葆传统文化的生机活力。

三、中华优秀传统文化的主要表现形式

（一）文学艺术

1. 诗歌

诗歌是中国古典文学的瑰宝，它以凝练的语言、生动的意象抒发情感，表达思想。李白的“长风破浪会有时，直挂云帆济沧海”展现了积极进取、勇于拼搏的人生态度；陶渊明的“采菊东篱下，悠然见南山”则体现了淡泊宁静、返璞归真的生活情趣。将这些诗歌引入大学心理教育，能够帮助学生树立正确的人生观和价值观，培养乐观向上、积极进取的精神品质。通过诵读经典诗词，学生能够陶冶情操，净化心灵，获得心理上的平和与愉悦。

2. 小说

小说是中国文学艺术的另一瑰宝。《红楼梦》《水浒传》等名著不仅展现了丰富的社会生活画卷，更塑造了诸多性格鲜明、个性突出的文学形象。学生通过对小说人物命运的解读和思考，能够加深对人生的领悟，增强对自我的认识。小说中蕴含的人情世故、生存智慧，也为学生面对现实困境提供了有益借鉴。引导学生赏析经典小说，分析人物性格特点，有助于提升其自我认知能力、人际交往能力和挫折应对能力。

3. 戏曲

戏曲是集文学、音乐、舞蹈、美术于一体的综合性艺术形式。从《西厢

记》的生动婉约到《桃花扇》的悲壮苍凉，从《牡丹亭》的缠绵悱恻到《长生殿》的沉郁顿挫，戏曲以其独特的艺术魅力感染和打动着一代代观众。将戏曲元素融入心理教育，能够陶冶学生的审美情操，提升其人文素养。通过欣赏戏曲经典选段，模仿角色的言谈举止，学生能够在潜移默化中内化优秀品质，塑造良好形象。戏曲所呈现的人生悲欢离合，也为学生认识生命的多样性、复杂性提供了生动案例。

4. 书画

王羲之的《兰亭序》、颜真卿的《祭侄文稿》等书法作品，气势恢宏、笔力遒劲，彰显非凡的审美追求和人格魅力。欣赏这些书法佳作，临摹经典碑帖，能够让学生感受到中华文化的博大精深，激发其文化自信和民族自豪感。优秀的国画作品如《清明上河图》《富春山居图》，则以精妙的构图、清新的色彩展现了理想的人居环境，表达了中国人的生态情怀和家国情愫。引导学生学习传统绘画技法，鉴赏国画经典，能够陶冶情操，启迪心智，引导其热爱生活、热爱自然，追求人与自然的和谐共生。

5. 音乐舞蹈

古琴泠泠、笛音袅袅，《高山流水》《广陵散》等传统曲目沁人心脾、荡涤烦躁；剑舞翩跹、裙裾飘飘，《霸王别姬》《天女散花》等经典舞蹈剧目气势恢宏、引人入胜。在高校心理教育中融入传统音乐舞蹈元素，组织学生吟唱古曲、演绎舞姿，能够陶冶学生情操，缓解压力焦虑，培养高雅气质，塑造良好心态。优秀的传统音乐舞蹈作品所蕴含的家国情怀、忠孝节义等思想内涵，也有助于引导学生坚定文化自信，涵养高尚品格。

（二）传统节日

从文化传承的角度看，传统节日蕴含着中华民族世代相承的价值理念和道德规范。春节体现了中国人重视家庭、崇尚团圆的伦理观念；清明节寄托了人们对逝者的缅怀和思念之情；端午节展现了中华儿女不畏强暴、勇于斗争的爱国情怀。这些节日习俗和仪式，不仅是民族文化的外在表征，更承载着民族精神的内在品格。将传统节日引入心理教育，有助于唤起学生的文化记忆，增强其民族认同感和自豪感，引导其传承和弘扬中华民族的优秀品质。

从道德教化的角度看，许多传统节日体现出鲜明的伦理道德内涵。例如，春节期间的拜年、团圆等活动，突出了中国人重视亲情、尊老爱幼的伦理观念；端午节纪念屈原，体现了不畏权贵、坚守气节的高尚品格；中秋节阖家赏月，展现了人们对美好生活的憧憬与向往。这些充满教化意义的节日习俗，对于陶冶学生的情操、润泽学生的心灵大有裨益。心理教育工作者可以通过开展节日主题教育，引导学生感悟传统美德，内化为自身修养，进而塑造高尚的道德情操。

从心理疏导的角度看，传统节日蕴藏着丰富的情感体验和审美享受。绚丽多彩的节日活动，欢快喜悦的节日氛围，既能调动学生的情绪，又能舒缓学生的压力。以春节为例，学校可以组织丰富多样的迎新活动，营造喜庆祥和的校园氛围，让学生在欢歌笑语中释放压力，获得身心愉悦。端午、中秋等节日，则可以开展诗词赏析、猜灯谜等文化活动，引导学生在传统文化的熏陶中获得美的体验，陶冶高雅的审美情趣。这些有益身心的节日活动，对于促进学生身心健康、提升幸福感有着积极作用。

（三）民间习俗

民间习俗蕴含着丰富的道德教化功能，对大学生的价值观塑造和人格培养具有潜移默化的影响。许多民间习俗，如尊老爱幼、邻里互助、诚实守信等，都体现了中华民族的传统美德，寄托着人们对于美好生活的向往。将这些习俗引入心理教育课堂，能够帮助大学生树立正确的人生观、价值观，培养其爱国主义情怀和集体主义精神。同时，民间习俗往往寓教于乐、通俗易懂，更容易被大学生接受和内化。教师可以通过讲述习俗故事、组织习俗体验等方式，引导大学生在潜移默化中感悟习俗背后的道德内涵，提升其道德修养和人格魅力。

民间习俗也是促进民族团结、增强文化认同的重要载体。我国是一个统一的多民族国家，不同民族都有着自己独特的风俗习惯和文化传统。在心理教育中介绍不同民族的民间习俗，能够帮助大学生了解彼此的文化差异，增进相互理解和尊重。通过体验不同民族的节日庆典、参与民族特色活动，大学生能够切身感受到多元文化的魅力，树立民族平等、民族团结的理念。同时，许多民间习俗如春节、元宵节等，已经成为全民族共同的文化符号，具有凝聚人心、增强民族认同的作用。将这些习俗纳入心理教育，能够激发大学生的爱国热情，增强其文化自信和民族自豪感。

民间习俗还能够为大学生的心理健康发展提供有益启示和积极影响。许多民间习俗，如放风筝、赏花灯等，都蕴含着人们对美好生活的憧憬和积极乐观的生活态度。在心理教育中引导学生参与这些活动，能够缓解其学习生活压力，培养其乐观向上的精神品质。一些习俗活动，如秧歌、龙舟等，则能够锻炼学生的身体素质，培养其团队协作意识和集体荣誉感。总之，民间习俗以其独特的魅力和感染力，能够为大学生的身心健康发展提供有益的养料。

在心理教育中运用民间习俗，还需要因时因地制宜、与时俱进。一方面，教师要立足本民族优秀习俗传统，充分挖掘其思想内涵和教育价值，使之与社会主义核心价值观相契合、与时代发展相适应。另一方面，对于一些封建迷信色彩浓厚或者已经不合时宜的习俗，教师要引导学生辩证看待、去伪存真，剔除其糟粕，继承其精华。只有在传承与创新中不断赋予民间习俗以新的时代内涵，才能彰显其在新时期心理教育中的独特价值。

第二节　中华优秀传统文化的核心价值观

一、仁爱与和谐

（一）仁爱的内涵

从本质上说，仁爱是一种高尚的品德修养和道德情操，是对他人、对社会、对自然万物的一种爱护之心和善待之意。在中华传统文化中，仁爱被视为君子必备的美德，是修身、齐家、治国、平天下的基础。

仁爱不仅体现在人与人之间，还体现在人与自然万物的关系中。中华优秀传统文化讲究“天人合一”，强调人与自然的和谐共生。“民吾同胞，物吾与也”的思想，就是将仁爱扩展到万事万物，视万物为同类，推己及物，建立起一种平等、和谐的生态伦理关系。这种情怀在屈原的“长太息以掩涕兮，哀民生之多艰”、陶渊明的“采菊东篱下，悠然见南山”等诗句中得到了淋漓尽致的体现。

仁爱的实践要求个人修身养性，克服自私自利的欲望，培养宽广博大的胸怀。“老吾老以及人之老，幼吾幼以及人之幼”是仁爱精神的具体体现。尊老爱幼，善待他人，与人为善，扶贫济困，都是仁爱的实践方式。这些行为不仅有利于构建和谐的人际关系，营造良好的社会风尚，更能引导个人不断反省自身，提升道德境界，完善人格修养。

仁爱作为中华优秀传统文化的精髓，对于当代社会仍然具有重要的现实意义。在当今时代，弘扬仁爱精神，对于化解人际矛盾，构建和谐社会具有重要作用。在高校心理教育中，更应该重视发掘仁爱思想的当代价值，引导学生树立正确的人生观和价值观。通过仁爱教育，培养学生的同理心和爱心，帮助其形成积极乐观、宽容大度的心理品质，养成热爱生活、关爱他人的优良品行。同时，鼓励学生将仁爱付诸行动，积极参与志愿服务、公益活动，在实践中提升道德修为，实现自我完善。

（二）和谐的意义

在当今社会，和谐是我们追求的价值目标。面对日益复杂的利益格局和思想观念的多元分化，加强社会主义核心价值观建设、构建和谐社会显得尤为迫切。这就需要我们继承和发扬优秀传统文化中的和谐理念，用创新的思路去阐释它、实践它，以适应时代发展的需要。

比如，我们要在坚持平等互利、合作共赢的基础上，以和为贵、以和促发展，推动建立公正合理的国际政治经济新秩序。我们要倡导不同文明之间的对话交流，在相互尊重、和而不同的基础上实现共同繁荣。在国内治理方面，我们应该树立全心全意为人民服务的理念，努力化解社会矛盾，促进社会公平正义，让发展成果更多地惠及广大人民群众。

和谐思想博大精深，是中华优秀传统文化的重要组成部分，其思想内核对于今天依然具有深刻启示意义。作为新时代的大学生，我们更应该自觉传承和弘扬和谐文化，用现代视角去诠释和实践它的丰富内涵，以文化自信推动中华民族伟大复兴。只有人人都成为和谐社会的建设者、维护者，中华民族才能在充满希望的道路上继续阔步前行。

二、诚信与正义

（一）诚信的定义

从个人层面来看，诚信是立身之本。一个诚实守信的人，言行一致，表里如一，他的人格魅力会得到他人的认可和尊重。相反，一个言而无信、欺骗他人的人，即便有再高的才华和地位，也难以赢得他人的信任和支持。诚信是人际交往的基础，是构建和谐人际关系的前提。只有以诚相待，以信为本，才能赢得他人的理解、尊重和帮助。

从社会层面来看，诚信是维系社会秩序的基石。诚信不仅体现在个人行为上，更体现在组织和国家层面。一个诚信的企业，产品质量过硬，服务态度诚恳，必然能够赢得消费者的青睐；一个诚信的政府，信守承诺，勇于担当，必然能够得到人民的拥护和支持。反之，如果社会上谎言横行、欺诈成风，人们对彼此失去信任，对政府和组织失去信心，那么社会就会陷入动荡和混乱。可以说，诚信是社会运转的润滑剂，是维护公平正义、促进社会和谐的重要保障。

诚信的价值不仅体现在道德层面，更体现在经济层面。在现代市场经济条件下，信用已经成为一种宝贵的无形资产。诚信的企业更容易获得投资者的青睐，赢得合作伙伴的信赖；诚信的个人更容易获得贷款、就业等方面的支持。反之，失信的企业和个人将面临信用危机，难以在激烈的市场竞争中立足。诚信已经成为现代经济活动的基本准则，是市场经济健康发展的重要基础。

培养诚信，需要个人、社会、国家共同努力。从个人来说，要加强道德修养，树立诚实守信的价值观，言行一致，以身作则。从社会来说，要营造诚信的氛围，加强诚信教育，完善失信惩戒机制。从国家来说，要建立健全社会征信体系，加强信用监管，维护公平竞争的市场秩序。只有形成全社会的诚信意识和信用文化，才能真正实现诚信立国、诚信立业的目标。

（二）正义的原则

从法律的角度看，正义意味着公平、公正，要求法律面前人人平等，任何人不得凌驾于法律之上。司法机关必须秉公执法，坚持以事实为根据、以法律为准绳，确保每一个案件都得到公正处理。这是法治社会的基本要求，也是维护社会稳定、保障公民权益的重要前提。

正义不应局限于法律领域。在更广泛的社会生活中，正义意味着合理、正当。它要求我们在分配利益、承担责任时坚持公平原则，杜绝特权，反对歧视。无论是在政治、经济还是文化领域，每个人都应当享有平等的权利和机会，任何形式的不公正都应受到批评和纠正。只有建立在正义基础上的社会，才能实现和谐、稳定、可持续发展。

事实上，正义是一个动态发展的概念，其内涵随着时代进步不断丰富和深化。在现代社会，正义不仅要求形式上的平等，更强调实质性的公平正义。这就要求我们在制定政策、分配资源时充分考虑弱势群体的利益，给予他们必要的关怀和帮助。同时，我们还要积极营造公平竞争的社会环境，为每一个人施展才能、实现梦想提供平等机会。唯有如此，才能真正实现社会正义。

追求正义是每个公民的责任，更是国家和政府的神圣职责。党和国家必须始终把维护社会公平正义放在重要位置，用制度体系保证人民平等参与、平等发展权利，坚决防止出现损害社会公平、妨碍社会正义的现象。同时，全社会都要共同努力，营造崇尚正义、鼓励善行的良好氛围，让正义精神内化为全体国民的价值追求和行为准则。

（三）诚信与正义的结合

诚信与正义是中华优秀传统文化的重要组成部分，二者相辅相成，缺一不可。诚信是一个人立身处世的基本操守，是社会生活中人与人之间建立信任关系的基础。诚实守信的品格能够赢得他人的尊重和信赖，有利于构建和谐的人际关系。同时，诚信也是社会主义市场经济健康发展的重要保障，失信行为会扰乱经济秩序，破坏公平竞争的市场环境。因此，诚信不仅关乎个人修养，更关系到社会的稳定和经济的繁荣。

正义则是社会公平正当的价值追求，体现了对公平、公正的向往和坚守。在个人层面，正义要求我们遵纪守法，恪守道德规范，不做违背良心的事情。在社会层面，正义意味着权力的公正行使，利益的合理分配，弱势群体的权益保障。一个缺乏正义的社会，必然充斥着不公与黑暗，人民的利益难以得到保证。因此，正义是社会长治久安、人民安居乐业的重要基石。

诚信与正义相互依存，相互促进。一方面，诚信是正义的基础。只有诚实守信，以真诚的态度对待他人和社会，才能践行正义，维护公平。如果弄虚作假、欺上瞒下，再高尚的正义理念也会沦为空谈。另一方面，正义又是诚信的保障。有了法治的护航，有了利益的制衡，诚信才能成为自觉的行为准则，而不是被违背、被践踏。可以说，诚信滋养了正义，而正义又维系着诚信。

在当前社会转型期，我们更需要弘扬诚信与正义的传统美德。面对利益的多元化和价值观的多样化，诚信和正义能够为人们提供行为的基本遵循，引导人们树立正确的世界观、人生观、价值观。同时，在全面深化改革的进程中，诚信和正义也是推进国家治理体系和治理能力现代化的重要保障。它们能够完善社会信用体系建设，营造风清气正的社会环境，为实现中华民族伟大复兴的中国梦凝聚精神力量。

作为高校教育工作者，我们要充分认识到诚信与正义的重要价值，并将其贯穿教育教学的全过程。首先，教师自身要以身作则，言行一致，为人师表，用自己的人格魅力感染和影响学生。其次，要将诚信与正义教育融入课程教学和校园文化建设，引导学生在学习和生活中践行诚信，追求正义。再次，要完善校规校纪，加强诚信考核和行为监管，为诚信与正义的弘扬提供制度保障。

三、勤俭与自强

（一）勤俭的传统

勤俭节约蕴含着深刻的哲学智慧。它告诉人们，资源是有限的，奢侈浪费最终只会导致社会财富的耗竭。反之，通过节俭持家、合理消费，个人和家庭可以积累财富，为美好生活奠定物质基础。从社会层面看，倡导勤俭节约有利于缓解资源环境压力，推动经济的可持续发展。因此，勤俭节约不仅是个人美德，更是国计民生之所系。

勤俭节约的价值还体现在对人们品行的塑造上。俭朴是中华民族的传统美德，蕴含着勤劳、善良、正直等优秀品质。习惯勤俭的人往往能够脚踏实地、艰苦奋斗，不贪图安逸、不好高骛远。同时，俭朴的生活方式也有助于磨砺意志，培养吃苦耐劳、自强不息的奋斗精神。这种宝贵的精神财富，是个人成长和社会进步的重要动力源泉。

勤俭节约的传统曾在中华民族生生不息的发展历程中发挥了重要作用。无论是面对外敌入侵还是遭遇重大灾难，中国人民始终秉持着勤俭节约的美德，艰苦卓绝、自强不息，最终战胜困难、创造辉煌。这充分证明，勤俭节约不仅是个人品德，更代表着一个民族的精神特质和文化基因。

在新时代背景下，弘扬勤俭节约的传统对于推动社会文明进步、实现中华民族伟大复兴具有重要意义。一方面，倡导勤俭节约有助于构建节约型社会，改善生态环境，推动经济高质量发展；另一方面，勤俭节约蕴含的优秀品质和崇高精神，对于塑造社会主义核心价值观、提升国民精神文明素质也具有重要价值。因此，在家庭、学校、社会等各个层面大力弘扬勤俭节约的传统，对于培养时代新人、促进社会文明进步意义重大。

（二）自强的精神

自强精神集中体现了中国人民历经磨难而不屈不挠的坚韧意志，孕育着积极进取、勇于开拓的创新追求，更彰显主动担当、勇于担当的责任意识。自强精神植根于中华民族走过的历史长河，深刻影响着当代中国人的理想信念和价值观念。在全面建成社会主义现代化强国的新征程上，弘扬自强精神具有重要意义。

从个体而言，弘扬自强精神也是塑造当代大学生健全人格的必然要求。当今时代，知识更新周期大大缩短，社会竞争日趋激烈。面对未来的不确定性，大学生唯有养成自强不息的品格，才能真正挺起精神脊梁，用坚忍不拔的信念战胜前进道路上的种种困难。自强的人生态度，有利于他们主动学习、勇于创新，在不断突破自我中实现更高远的理想追求。同时，自强精神还将激励大学生自觉担负起时代赋予的历史重任，将个人理想自觉融入国家发展的宏伟蓝图，在投身民族复兴的伟大实践中书写出彪炳史册的青春篇章。

作为教育工作者，我们应该积极探索将自强精神融入大学生心理育的有效途径。一方面，高校可以充分利用各类思政课程，引导学生正确认识当代中国发展面临的机遇和挑战，深刻领悟自强不息的真正内涵和时代价值，使之内化为不竭的精神动力。另一方面，高校要创新工作方式方法，在校园文化建设、学生社团活动等方面大力弘扬自强精神，营造积极向上的育人氛围。只有将自强精神的培育贯穿大学生成长发展的全过程，才能帮助他们树立起与时俱进的时代观念，锤炼起百折不挠的意志品质。

（三）勤俭与自强的互动

勤俭是物质基础的积累，自强是精神力量的升华。勤俭节约有助于个人和国家积累更多的物质财富，为自强提供坚实的物质保障。譬如，一个勤俭持家的家庭，通过日积月累的节俭，能够攒下一笔资金，供子女接受良好的教育，让他们掌握更多知识技能，拥有自强的本钱。又如，一个厉行节约的国家，能够将有限的资源用在刀刃上，集中力量办大事，在关键领域取得突破，使国力得到全面提升，具备自强的底气。

自强为勤俭注入不竭动力，将简朴的生活方式上升为高尚品格。自强不息的人，往往具有吃苦耐劳、艰苦朴素的优良品质。他们不贪图安逸，不追求奢靡，面对困难和挫折，总能咬紧牙关、迎难而上。正是凭借这种自强不息的精神，他们才能在逆境中砥砺前行，取得非凡成就。伟大的科学家钱学森就是一个典型的代表。他毕生简朴，却以惊人的意志力投身于科研事业，最终成为践行“两弹一星”伟业的中流砥柱。他的人生境界和高尚情操，无不源自勤俭质朴的生活方式和自强不息的奋斗精神。

勤俭与自强的高度统一，往往成就非凡的人生。许多平凡而伟大的劳动者，正是在勤俭节约中积蓄力量，在自强不息中实现人生价值。“铁人”王进喜，靠着“宁可少穿一件新衣裳，也要多采一吨石油”的勤俭意识和“有条件要上，没有条件创造条件也要上”的自强精神，用平凡书写伟大，用执着演绎传奇。在平凡的工作岗位上，还有千千万万个像王进喜一样的劳动者，他们用勤俭和自强铸就了不平凡的人生，也汇聚成推动国家前进的磅礴力量。

新时代呼唤勤俭与自强的持续发扬光大。面对日趋激烈的国际竞争，实现中华民族伟大复兴的中国梦，必须大力弘扬勤俭节约、自强不息的民族美德。勤俭是我们应对各种风险挑战的压舱石，自强是我们战胜一切困难阻力的法宝。在全社会大力倡导勤俭节约，激励人们通过辛勤劳动创造美好生活；在青少年中积极培育自强不息的进取意识，引导他们在砥砺奋进中实现人生价值。只有将勤俭和自强的种子播撒在亿万人民心中，让简朴、奋进成为新风尚，我们才能凝聚起共同奋斗的磅礴伟力，在新时代创造新的辉煌。

四、礼仪与尊重

（一）礼仪的规范

从个人修养的角度来看，礼仪是一个人内在素质的外在体现。一个人能够谦恭有礼、举止得体，往往能给他人留下良好的印象，赢得他人的尊重和信任。反之，一个人如果言行粗鄙、不懂礼数，即便才华出众，也难以得到认可和赏识。因此，自古以来，礼仪就被视为“立身之本”“处世之道”，是每个人必须修习的基本功课。正如《论语》所言：“不学礼，无以立。”意思是说，一个人如果不学习礼仪，就难以在社会上立足。由此可见，礼仪对于个人修养的重要性。

从社会秩序的维护来看，礼仪发挥着不可或缺的作用。礼仪通过对人们行为的规范和约束，使社会生活井然有序、和谐稳定。在礼仪的指导下，人们能够尊老爱幼、互帮互助、和睦相处，社会矛盾和冲突也能得到有效化解。同时，礼仪还具有教化群众、凝聚人心的功能。通过礼仪教育，个人能够形成正确的价值观念和道德操守，成为有益于社会的高尚公民。由此，社会主义核心价值观得以弘扬，民族凝聚力和向心力得以增强。可见，礼仪是维护社会秩序、促进社会和谐的重要手段。

（二）尊重的表现

尊重的真谛在于平等看待每一个生命个体，承认并接纳个体之间的差异性。每个人都是独立的主体，都有自己的思想、情感和价值追求。对他人的尊重，就是要充分尊重个体的主体性，给予其应有的空间和自由，而非将自我的价值观强加于人。真正的尊重是建立在理解和宽容的基础之上的，它要求我们以开放、包容的心态看待不同的声音，学会换位思考，设身处地为他人着想。

在人际交往中，尊重他人是构建和谐关系的前提。只有心存尊重，才能真诚对待他人，才能消除隔阂和偏见，才能在平等、友善的氛围中实现有效沟通。尊重他人意味着慎言慎行，不轻易做出伤害他人的举动；意味着虚心聆听，充分考虑他人的感受和诉求；意味着坦诚相见，以真挚、友善的态度对待他人。唯有秉持尊重的态度，才能赢得他人的信任和尊重，才能收获友谊与爱的馈赠。

尊重他人不仅有利于营造良好的人际氛围，更是个人修养和道德境界的体现。一个懂得尊重他人的人，必然具有宽广的胸襟、高尚的品格和深邃的智慧。他能够包容差异，欣赏多元，从不同的声音中汲取智慧和力量。他能够悦纳他人，推己及人，在与他人的交往中不断完善自我。尊重他人不仅让我们成为更好的个体，也让我们成为社会文明进步的推动者。

当前，在全球化背景下，不同文化、不同民族之间的交流日益频繁，尊重显得尤为重要。唯有秉持尊重的态度，不同文明才能实现平等对话、和谐共处；唯有心存尊重，人类才能超越偏见和对立，共建美好家园。作为中华儿女，我们应该充分弘扬中华优秀传统文化中的尊重理念，以宽广的胸怀、平等的心态对待不同的文化和价值观，在交流互鉴中实现文明的创新发展。

（三）礼仪与尊重的联系

从个人层面来看，礼仪和尊重是塑造道德品格的重要途径。个人通过学习和践行礼仪规范，能够不断提升自己的修养和素质，培养谦逊、谨慎、有度的处世态度。同时，对他人予以尊重，平等对待，则有助于个人形成宽厚仁爱、与人为善的高尚情操。正所谓“非礼勿视，非礼勿听，非礼勿言，非礼勿动”，言行举止皆以礼为准绳，内心始终怀有敬畏之心，方能成就君子人格。

从人际交往的角度看，礼仪和尊重是构建和谐关系的基石。人与人之间的交往离不开礼仪的约束和规范，礼貌用语、得体举止、恰当的情感表达等都是人际交往中不可或缺的要素。而尊重更是人际交往的底线和前提，只有在平等、尊重的基础上，人与人之间才能真诚相待，建立起稳固的情感纽带。反之，失礼失敬往往会引发矛盾冲突，导致关系破裂。

从社会发展的维度看，礼仪和尊重是维系社会秩序的重要手段。礼仪作为一种社会规范，对个人行为起到约束和引导作用，使人们能够在遵循共同准则的基础上和睦相处、各安其位。而尊重则是社会公平正义的体现，它要求社会成员摒弃偏见和歧视，尊重每一个个体的独特价值，维护弱势群体的合法权益，共同营造包容、开放、有序的社会氛围。可以说，礼仪是社会运转的“润滑剂”，尊重是社会文明的“压舱石”。

从文化传承的视角看，礼仪和尊重是中华优秀传统文化的精华所在。“礼之用，和为贵”“礼尚往来，往而不来，非礼也”……这些耳熟能详的古训，无不彰显了礼仪在中华文化中的重要地位。而“老吾老以及人之老，幼吾幼以及人之幼”“己所不欲，勿施于人”等经典名句，更是将尊重的理念发挥到了极致。时至今日，虽然社会形态和生活方式发生了巨大变迁，但礼仪和尊重所体现的人文精神依然历久弥新，值得我们传承和发扬。

五、忠诚与责任

（一）忠诚的价值

从个人修养的角度看，忠诚意味着诚实守信、恪守承诺。一个忠诚的人，言行一致，表里如一，令人信赖。他们无论在顺境还是逆境，都能坚守本心，践行诺言。这种品质不仅赢得他人的尊重，更是个人健康人格的重要体现。忠诚的人内心坚定，不为外物所惑，能够经受住各种诱惑和考验，彰显了非凡的意志力和定力。

从集体发展的维度看，忠诚是凝聚人心、推动事业的重要力量。一个团队或组织，如果成员之间缺乏忠诚，就难以形成信任和凝聚力，更谈不上目标的一致和协同的行动。反之，如果成员都忠于组织，以集体利益为重，必然能激发出强大的向心力和战斗力。历史上，无数民族英雄慷慨赴义、视死如归，正是源于对国家和民族的至高忠诚。企业发展中，员工对企业文化和发展战略的认同与忠诚，往往是决定成败的关键因素。

从社会进步的视角看，忠诚是维系人际关系、促进社会和谐的道德基础。

无论是家庭伦理还是社会公德，忠诚都是其中不可或缺的要素。夫妻之间的忠贞不渝，父母子女之间的至诚至孝，都离不开忠诚的情感纽带。而诚实守信、遵纪守法，更是公民应尽的忠诚义务。唯有对社会怀有忠诚之心，尽己所能、恪守本分，社会才能保持良性互动、健康有序地运转。

（二）责任的担当

忠诚是一种内在的情感归属和价值认同。它基于个人对组织宗旨、文化理念的认可和接纳，表现为一种发自内心的情感依托和行为表现。在职业教育中培养学生的忠诚品质，要引导其从心底里认同企业的发展目标和经营理念，真正将个人发展与企业命运紧密联系在一起。这需要教育者通过案例分析、情景模拟等方式，帮助学生深刻理解企业文化的内涵，体验个人努力与组织发展的内在联系，进而激发其忠诚企业、奉献企业的情感和意愿。

责任感是个人对自身角色和任务的清晰认知，以及完成任务、履行义务的主动意识。它来源于个人价值观的引领、组织期望的内化以及内在道德情操的驱使。强化学生的责任意识，需要教育者从多个维度着力：其一，引导学生端正学习态度，明确“学习为己”的道理，激发其对知识和能力的渴求；其二，加强职业理想教育，帮助学生树立远大的职业抱负，坚定投身本职工作的决心；其三，强化职业道德教育，引导学生恪守职业操守、坚守工作岗位、履行岗位职责。

忠诚是一种稳定的情感状态，责任是一种持续的行为表现。二者互为因果、相互促进。一方面，只有对企业怀有发自内心的忠诚，个人才会时时处处感受到工作的责任和使命，进而表现出对企业无私奉献、竭诚服务的责任行为。另一方面，个人持之以恒的责任行为又会进一步强化其对企业的情感依归，使其忠诚度得到不断提升。因此，在职业教育中培养学生的忠诚品质和责任意识，要注重二者的有机结合，在情感培育和行为养成两个维度同时发力。

实践表明，将忠诚教育和责任教育有机融合，对于提高职业教育质量、培养高素质技术技能人才具有重要意义。一方面，它有利于加强学生的职业认同感，增强其对职业的热爱和专注，为其职业生涯发展奠定良好的情感基础。另一方面，它有助于强化学生的主人翁意识和奉献精神，使其在工作中充分发挥主观能动性，在平凡的岗位上创造出不平凡的业绩。

（三）忠诚与责任的统一

在中国历史的长河中，涌现出无数忠诚报国、无私奉献的仁人志士。从管仲“勿以善小而不为，勿以恶小而为之”的政治抱负，到诸葛亮“鞠躬尽瘁，死而后已”的爱国情怀；从文天祥“人生自古谁无死，留取丹心照汗青”的浩然正气，到林则徐“苟利国家生死以，岂因祸福避趋之”的报国精神，无不彰显着忠诚与责任的崇高品格。这些千古流芳的楷模，他们将个人的前途命运与国家民族的兴衰荣辱紧密相连，体现了忠诚报国、尽忠职守的高尚情操。

在现代社会，忠诚与责任的内涵更加丰富，既包括对国家、民族的忠诚，也体现在对组织、集体的忠诚；既强调个人应尽的责任，也重视集体和社会的责任。在工作中，忠诚与责任要求我们恪尽职守，兢兢业业，以高度的责任心完成本职工作；在人际交往中，忠诚与责任意味着诚实守信，言而有信，以真诚、负责的态度对待他人；在社会生活中，忠诚与责任号召我们遵纪守法，诚实劳动，为社会的和谐稳定贡献自己的一分力量。

忠诚与责任是一个人人格品质和道德修养的重要体现。一个有责任心、有担当精神的人，往往也是一个值得信赖、令人尊敬的人。反之，一个缺乏责任感、见利忘义的人，不仅难以取得他人的信任，也会对组织和社会造成危害。因此，加强忠诚与责任教育，培养学生的责任意识和担当精神，是学校心理教育的重要内容。

在心理教育中，我们要引导学生树立正确的人生观和价值观，将个人理想与国家前途、民族命运紧密结合，自觉把个人的成长与国家的发展联系在一起。同时，要加强诚信教育，培养学生诚实守信的品质，教育他们言行一致，遵守承诺，对自己的行为负责。此外，还要重视责任意识和责任担当的培养，鼓励学生勇于面对困难和挑战，敢于承担责任，在实践中锻炼意志、增强责任心。

六、孝道与感恩

（一）孝道的传统

孝道思想渗透于中华文化的方方面面，它不仅规范着人们的家庭伦理关系，更成为个人修身、齐家、治国、平天下的基础。在传统儒家文化中，孝被视为仁德之本。孔子曰：“孝弟也者，其为仁之本与！”孟子亦言：“夫孝，德之本也，教之所由生也。”由此可见，孝不仅是个人道德修养的起点，更是构建和谐社会的基石。

在中国传统社会中，孝道的内涵极为丰富，它不仅包括赡养父母的物质供养，更重在精神慰藉。“百善孝为先”的观念深入人心，人们普遍认为，唯有善待父母，才是一个人最基本的道德素养。在家庭生活中，子女应当恭敬父母，体贴父母的心意，竭诚奉养，让父母颐养天年。同时，孝道还要求子女继承父母的遗志，发扬光大家族的美德，以实现精神层面的传承。

孝道思想还与忠君爱国紧密相连。在传统社会，忠孝被视为一致，“忠君以孝为本，孝子必忠于国”的观念深入人心。人们普遍认为，一个人只有做到孝敬父母，才能真正忠于君王、报效国家。因此，孝道不仅关乎个人修养，更体现着个人对家庭、对社会、对国家的责任与担当。

（二）感恩的文化

感恩的首要对象是父母。父母给予我们生命，用无私的爱抚育我们成长。他们不计回报地付出，只希望我们能健康快乐。“慈母手中线，游子身上衣。临行密密缝，意恐迟迟归。”这首诗生动地描绘出母亲对子女的深切关爱。而我们又何尝不是应该时时感念父母的恩情，以孝心回报父母的养育之恩呢？正如孟子所言：“孝子之至，莫大乎尊亲。”尊敬父母，关心父母，是感恩之心的最好体现。

感恩的对象还有师长。“师者，所以传道受业解惑也。”教师不仅传授知识和技能，更重要的是引导学生树立正确的人生观、价值观。他们用心浇灌祖国的花朵，用爱呵护学生的成长。陶行知先生曾说：“捧着一颗心来，不带半根草去。”这正是教师无私奉献精神的真实写照。对师长的恩情，我们要铭记于心，用优异的成绩和高尚的品格来回报。

感恩的范围更广泛，还包括亲朋好友、同事伙伴，乃至整个社会。人与人之间的关系犹如一张大网，彼此的帮助和支持编织成网上一个个坚实的结。没有他人的关怀和社会的接纳，个人难以生存和发展。因此，我们要怀着一颗感恩的心，与人为善，回馈社会，用自己的努力为他人和社会创造价值。

培育感恩文化，重在个人修养，贵在一以贯之。我们要从自身做起，树立感恩意识，常怀谦恭之心，学会换位思考，设身处地为他人着想。要把感恩落实到日常生活中，孝敬父母，尊重师长，与人为善，奉献社会。只有人人践行感恩，感恩的种子才能在社会的土壤中开花结果。

作为教育工作者，我们更应该高度重视在教育教学中渗透感恩文化。要发挥教育的主渠道作用，将感恩教育融入课堂教学和校园文化建设。可以开设感恩主题班会，组织感恩教育实践活动，引导学生践行感恩。教师更要以身作则，用自己的言行影响和感染学生，做学生心中感恩品德的楷模。

（三）孝道与感恩的融合

学业压力应对阶段的心理教育应当坚持预防为主、教育为先的原则。

高校要加强心理健康知识的普及和宣传，提高学生对学业压力的认知水平。通过专题讲座、主题班会、心理健康课程等多种形式，引导学生正确认识学业压力的来源和影响，掌握科学的压力管理方法，增强其主动应对压力的意识和能力。同时，高校还要注重优化育人环境，营造良好的学习氛围和人际关系，从根本上减轻学生的心理负荷。

学业压力应对阶段的心理教育要强调个性化辅导。每个学生的性格特点、认知方式、应对风格都存在差异，面对学业压力时的反应也不尽相同。有的学生可能会产生焦虑、抑郁等情绪困扰，有的学生则可能出现逃避、放弃等消极应对。针对不同学生的实际情况，心理教育工作者要因材施教，提供个性化的心理辅导和干预。可以通过个别谈话、团体辅导等方式，帮助学生梳理情绪，厘清思路，建立积极的应对策略。对于出现严重心理问题的学生，还要及时转介至专业的心理咨询机构，接受系统治疗。

学业压力应对阶段的心理教育要重视朋辈互助的力量。大学生更愿意与同龄人分享内心困扰，彼此之间也更容易产生共鸣和理解。发挥朋辈互助的积极作用，不仅能够缓解学生的心理压力，还能增强其社会支持感和归属感。高校可以通过组建心理互助小组、开展同伴辅导等活动，搭建学生交流沟通的平台，培养学生相互支持、共同成长的意识。同时，还要加强朋辈辅导员队伍建设，提升其服务意识和帮助技能，为有需要的学生提供及时、有效的帮助。

学业压力应对阶段的心理教育要注重家校合作。家庭教育与学校教育相互影响、互为补充。家长的教养方式和沟通态度，直接关系到学生的心理发展和应对能力。高校要主动与家长建立良性互动，引导其树立科学的教育观念，掌握有效的沟通技巧。定期召开家长会，通报学生在校表现，交流教育心得，形成教育合力。同时，还要为家长提供必要的心理健康指导，增强其识别和应对学生心理问题的能力，共同为学生营造健康成长的环境。

第三节　中华优秀传统文化的现代意义

一、增强民族文化自信与认同感

（一）文化自信的内涵

中华民族的文化自信，源自我们五千年的悠久历史中积淀的非凡智慧。从远古时期的《诗经》《尚书》，到先秦时期儒家思想的集大成者孔子和《论语》，再到魏晋时期的玄学和唐宋时期理学的兴起，无不折射出中华民族卓越的哲学思辨能力和文化创造力。丰富的典籍著作、深邃的哲学命题、璀璨的文学艺术，构筑起了中华民族文化自信的基石。

中华民族的文化自信，还源自我们在历经磨难中形成的坚定信念。无论是面对西方列强的坚船利炮，还是遭遇内忧外患的危难时刻，中华儿女从未放弃对民族文化的坚守。无数仁人志士前赴后继、奋勇向前，用行动和生命捍卫着民族的尊严，彰显出中华文化的强大生命力。正是凭借着对本民族文化的坚定自信，我们战胜了种种艰难险阻，书写了一部感天动地的奋斗史诗。

进入新时代，文化自信成为中华民族的精神底色和情感基因。它不仅体现在对“四个自信”的高度认同上，更根植于每一个中华儿女心底，成为一股涌流的红色基因，滋养着新时代的发展。当今中国，文化事业繁荣发展，创作生产日益兴盛，人民群众精神文化需求持续增长，这无不彰显中华文化旺盛的生命力、无穷的创造力。

中华优秀传统文化，正是凝结了中华民族文化自信的结晶。“修身、齐家、治国、平天下”的儒家思想，构建了个人修养、家庭和睦、国家治理、天下太平的理想图景；“天行健，君子以自强不息”的座右铭，强调了个人努力进取的奋斗精神；“大道之行也，天下为公”的世界观，表达了中华民族以天下为己任的责任担当。这些闪耀着智慧光芒的思想瑰宝，为当代中国文化建设提供了深厚底蕴，为民族复兴凝聚起强大的精神力量。

中华优秀传统文化中蕴含的文化自信，在当代得以创新性转化和创造性发展。通过传承创新，传统文化焕发出新的时代光彩，成为中华儿女心中永恒的精神家园。无论是屹立于世界文坛的莫言、贾平凹等作家，还是影视舞台的

《甄嬛传》《汉武大帝》等佳作，无不传递着鲜明的中国精神、中国价值、中国力量，向世界展现了中华文化的独特魅力。

新时代更需要以文化自信激荡奋进的力量。只有深深扎根于中华优秀传统文化沃土，从历史中汲取丰厚营养，才能增强文化创新意识，提升文化创造力，进而推动中华文化走向世界、引领时代发展。这需要我们义无反顾地肩负起文化传承使命，以开放包容的心态吸收一切优秀文化养分，在继承创新中焕发出文化生命力。

肩负文化自信使命，就是要让国人养成正确的价值理念，涵养高尚道德情操，把个人理想融入民族复兴的伟大事业。这就要求我们加强对中华优秀传统文化的研究阐释，挖掘其思想精华和道德精髓，使之成为涵育社会主义核心价值观的重要源泉。同时要充分借鉴吸收人类一切优秀文化，以更加包容开放的心态增强文明交流互鉴，让中国理念、中国精神得到更广泛认同。

（二）认同感的形成机制

1. 家庭教育

父母是孩子最早接触的文化传播者，他们的言传身教潜移默化地影响着孩子对传统文化的态度。如果父母能够以积极的姿态讲述传统故事、传授传统美德，孩子自然会对民族文化产生好感和认同。相反，如果家庭教育忽视甚至鄙夷传统文化，孩子的文化认同感就难以建立。

2. 学校教育

通过语文、历史等人文学科的学习，学生系统地接受传统文化的熏陶，逐步理解和内化其中蕴含的价值观念。尤其是在爱国主义教育中，教师有意识地引导学生将个人命运与国家、民族的前途紧密联系，激发其民族自豪感和文化认同感。同时，校园文化活动如经典诵读、传统节日庆祝等，也以生动活泼的形式增进了学生对传统文化的情感体验。

3. 社会文化环境

倘若整个社会都充满着对传统文化的尊崇和弘扬之风，处处可见传统文化的身影，个体自然会受到感染和鼓舞，对民族文化产生归属感和自豪感。反之，如果社会上充斥着对传统文化的偏见和否定，个体的文化认同感就会受到严重挑战。

事实上，文化认同感的形成往往是教育和环境长期耳濡目染的结果。个体通过日常生活的点点滴滴，不断吸收和内化传统文化的精华，逐渐形成文化心理结构。这种认同感一旦建立，就会成为个体心理和行为的稳定内核，指引其人生发展的方向。

（三）文化自信的教育途径

中华优秀传统文化中蕴含着丰富的人文精神和道德理念，如“天行健，君子以自强不息”的进取精神、“穷则独善其身，达则兼济天下”的社会责任感等。这些思想对于引导大学生树立积极进取的人生态度、培养他们的社会责任意识和奉献精神，具有重要的教育价值。在心理教育中融入这些传统文化元素，能够帮助大学生形成高尚的情操和健全的人格，增强他们的文化认同感和民族自豪感。

中华传统文化注重个人修养和情感陶冶，强调以“仁爱”为核心的人际交往理念，这与现代心理学强调人际关系和谐、情绪管理的理念不谋而合。比如，儒家思想主张“己所不欲，勿施于人”，强调换位思考、宽以待人，这有助于大学生培养同理心，学会站在他人角度看问题，减少人际冲突。又如，中医学“治未病”的预防理念，强调未雨绸缪、早期干预，这对大学生的心理健康教育具有重要启示。将这些传统文化理念融入心理健康教育，能够促进大学生人格的完善，提高他们应对挫折、管理情绪的能力。

中华优秀传统文化还有助于大学生树立正确的价值观和道德观。比如，传统美德中“忠孝节义”的家国情怀，有助于大学生厘清个人与国家、社会的关系，增强他们的家国意识和社会责任感。又如，“克己复礼”的思想强调个人欲望的克制和道德操守，对于引导大学生树立正确的人生观和价值观，抵御各种不良诱惑，具有重要作用。将这些传统美德渗透到心理健康教育中，能够引导大学生形成积极向上的价值取向，增强他们抵御不良诱惑、自觉遵守道德规范的能力。

要充分挖掘中华优秀传统文化的教育资源，将其融入高校心理健康教育的各个环节。一方面，要在理论教学中有机融入传统文化内容，帮助学生了解传统文化的丰富内涵，认识其中蕴含的智慧和价值。另一方面，要在实践活动中创新载体形式，让学生在亲身体验中感悟传统文化的魅力。比如，可以开展国学经典诵读、传统礼仪体验等活动，引导学生在传统文化的熏陶中净化心灵、完善人格。

（四）认同感的社会影响

从个体层面来看，民族文化认同感的形成有助于塑造积极向上的人生观和价值观。个人通过对本民族优秀传统文化的学习和认同，能够汲取其中蕴含的道德智慧和人文精神，形成正确的是非观念和行为准则。同时，民族文化认同感还能激发个体的自豪感和自信心，使其在面对挫折和困境时拥有强大的精神支柱，保持乐观向上的生活态度。

民族文化认同感对于促进社会和谐稳定发挥着关键作用。一个民族的凝聚力和向心力很大程度上来源于共同的文化基础。当社会成员普遍对本民族文化怀有认同感时，就会形成牢固的文化纽带，增强社会的凝聚力。这种文化纽带不仅体现在对传统节日、礼仪习俗等外在形式的认同，更体现在价值理念、道德规范等内在精神的认同。共同的文化认同感能够跨越地域、阶层等界限，化解各种矛盾和分歧，为社会和谐稳定提供精神基础。反之，如果社会成员缺乏民族文化认同感，就容易出现文化缺失、信仰危机等问题，进而引发社会矛盾和冲突。

民族文化认同感是维护国家统一、增强民族自信的重要基石。中华民族在五千年的发展历程中创造了灿烂的文化，优秀传统文化既是我们民族生生不息的精神源泉，也是维系国家统一的文化纽带。广大民众对中华优秀传统文化的认同，凝聚着全民族的向心力和凝聚力，成为维护国家统一、抵御外来文化侵蚀的精神堡垒。同时，作为一个文明古国，中华民族曾创造出璀璨的文明成果，我们完全有理由对优秀传统文化感到自豪和自信。增强全社会的民族文化认同感，能够坚定文化自信，激发民族复兴的精神动力，为实现中华民族伟大复兴提供强大的文化支撑。

民族文化认同感是推进文化交流、促进人类文明进步的重要前提。任何一种文明的发展都离不开与其他文明的交流互鉴。只有在平等、尊重的基础上，秉持开放、包容的态度，不同民族文化才能实现良性互动，取长补短，共同进步。而这种良性互动的前提，就是各民族对本民族文化的认同与自信。唯有如此，才能在交流中维护本民族文化尊严，才能以平等、自信的姿态去欣赏和借鉴其他民族的优秀文化。相反，如果一个民族丧失了文化认同感，在文化交流中处于弱势地位，就容易出现盲目崇洋、失去文化主体性的问题，最终不利于人类文明的健康发展。

二、促进社会主义核心价值观建设

（一）文化自信的增强

深入挖掘传统文化的时代价值，用现代视角诠释优秀文化内涵，是增强大学生文化自信的关键所在。在传统儒家文化中，“修身、齐家、治国、平天下”是一以贯之的价值追求，体现了个人修养、家庭伦理、国家治理、天下太平的有机统一。这一价值体系虽然源于古代，却对当今社会仍具有重要启示意义。对大学生而言，个人的全面发展是立身之本，只有不断提升自身道德品质和综合素养，才能在复杂多变的社会中保持定力、行稳致远。同时，个人修养又必须落实到家庭伦理和社会关系中，履行好子女、朋友、公民等角色的责任和义务。由此而言，“修身、齐家、治国、平天下”所彰显的个人与社会、小我与大我的辩证关系，对于引导当代青年树立正确的人生观、价值观具有重要意义。

儒家思想中的“和而不同”“求同存异”理念，也对增进文化交流互鉴、构建人类命运共同体具有重要启示。在经济全球化日益深入的今天，不同国家、民族、文化之间的交流日益频繁，文明的多样性和包容性比以往任何时候都更加重要。对此，中华优秀传统文化中蕴含的兼容并蓄、和合共生的文化基因，无疑为人类社会的持久和平、共同繁荣提供了智慧启迪。身处“一带一路”倡议建设的重要节点，当代大学生更应秉持开放包容的态度，在对外交往中自觉传播中华优秀传统文化，讲好中国故事、传播好中国声音，为推动构建人类命运共同体贡献青春力量。

在教育实践中，高校要充分利用课堂教学、校园文化、社会实践等多种途径，创新工作载体和方法，引导大学生在潜移默化中接受优秀传统文化的熏陶。一方面，要将中华优秀传统文化融入思政课程和专业教学，挖掘其中蕴含的道德理念、人文精神、价值追求，使之成为大学生精神成长的营养剂。另一方面，要在校园文化建设中注重发挥传统文化的感召力，以文化人、以文育人，在琴棋书画、诗词歌赋中涵育大学生的家国情怀和人文素养。除此之外，还要组织引导大学生走出校园、深入基层，在亲身参与中华传统节日庆典、民俗文化体验等活动中，领悟传统美德的深刻内涵，坚定文化自信。

（二）社会责任感的培养

随着社会的发展和时代的进步，现代社会责任感已经突破了血缘和亲情的局限，上升为一种更加普遍、更具包容性的价值理念。它以人的全面发展为基础，强调个人不仅对家庭负有责任，更对国家、社会和他人负有责任。在现代社会中，每个人都是独立的个体，都享有平等的权利和尊严。同时，个人的发展离不开他人和社会的支持，因此也理应承担相应的义务和责任。这种责任感不仅体现在个人行为的自律性上，更体现在对他人和社会的关爱与奉献上。

高校是培养社会主义建设者和接班人的重要阵地，在大学生社会责任感的培养中发挥着不可替代的作用。首先，高校要加强思想政治教育，引导大学生树立正确的世界观、人生观和价值观。要深入学习习近平新时代中国特色社会主义思想，帮助大学生深刻理解社会主义核心价值观的丰富内涵，自觉将个人理想融入民族复兴的伟大梦想。其次，高校要创新教育教学方式，将社会责任教育融入专业课程和实践活动。要开设志愿服务、社会实践等课程，鼓励大学生走出校园、深入社会，在服务他人、奉献社会的过程中增强责任意识和担当精神。再次，高校要完善评价激励机制，将社会责任感作为评判大学生全面发展的重要标准。要建立科学合理的综合素质评价体系，对表现出色的个人和集体给予表彰和奖励，营造积极向上的校园文化氛围。

高校心理教育工作者在培养大学生社会责任感方面大有可为。一方面，心理教育工作者要充分认识社会责任感的心理内涵和发展规律，把握大学生身心发展特点，有针对性地开展教育引导工作。要帮助大学生正确认识自我，树立积极的自我概念和健康的心理品质，提高挫折承受力和情绪管理能力，为承担社会责任奠定良好的心理基础。另一方面，心理教育工作者要主动联系实际，将心理健康教育与社会责任教育有机结合起来。要引导大学生关注社会现实，思考个人与他人、个人与社会的关系，增强公民意识和奉献精神。要组织大学生参与心理健康宣传、心理危机干预等志愿服务活动，在实践中强化其道德情操和责任担当。

培养大学生社会责任感是一项系统工程，需要高校、家庭、社会各方面的共同努力。高校要发挥主阵地作用，将社会责任教育贯穿人才培养全过程。家庭要发挥教育基础作用，在日常生活中潜移默化地影响大学生的价值取向。社会要营造良好的舆论氛围，用先进典型和英雄模范的事迹激励当代青年建功立业。只有形成合力，才能促使大学生将个人理想与国家前途、民族命运紧密联系在一起，在民族复兴的道路上释放青春激情、追逐青春梦想。

（三）公民道德素质的提升

中华文化历来重视道德教化，强调以德治国、以德服人。儒家思想倡导

“修身、齐家、治国、平天下”，将个人修养与社会责任紧密结合，视道德建设为国家兴旺发达的根本。古代儒家经典如《论语》《孟子》等书籍，集中体现了仁、义、礼、智、信等道德范畴，为中华民族的道德意识和价值取向奠定了基础。这些传统美德经过历史的沉淀和升华，已经深深融入中华民族的精神血脉，成为中国人民的宝贵精神财富。

在新时代背景下，发掘和弘扬中华优秀传统文化中的道德内涵，对于提升公民道德素质具有重大现实意义。传统美德如诚实守信、谦恭礼让、勤俭节约、孝老爱亲等，都与社会主义核心价值观相契合，体现了中华民族的人文精神和道德理想。将这些美德融入公民教育和社会生活，有助于引导人们树立正确的价值观念，培养高尚的道德情操，促进社会文明进步。

中华优秀传统文化还注重家庭美德和家风建设，强调家庭是社会的基本单元，家庭成员的言传身教对个人品德的形成至关重要。古代颇有“修身齐家”的说法，意在通过个人道德修养带动整个家庭的文明和谐。如今，我们仍需重视发挥家庭的道德教化功能，用优良家风滋养下一代，让孩子们从小养成爱国爱党、诚实守信、尊老爱幼的良好品德。

中华优秀传统文化还蕴含着崇尚集体、无私奉献的价值理念。古语有云：“先天下之忧而忧，后天下之乐而乐。”这体现了中华民族胸怀天下、以天下为己任的博大情怀。在当前全面建设社会主义现代化国家的伟大实践中，我们要大力弘扬这种无私奉献精神，引导人们自觉把个人利益与国家前途命运紧密相连，培育公民的社会责任感和集体主义观念，激励全社会形成团结一致、共同奋斗的生动局面。

中华优秀传统文化的道德价值还体现在尊师重教、诲人不倦的治学精神上。古人云：“师者，所以传道受业解惑也。”尊师重教不仅是个人修身立德的需要，更关乎民族的文化传承和可持续发展。当前，我们要大力弘扬优秀传统文化中的尊师重教精神，引导全社会形成崇尚知识、尊重教育的良好氛围，不断提高国民素质，为实现中华民族伟大复兴提供坚实的人才支撑。

中华优秀传统文化博大精深，其中蕴含的道德价值历久弥新。在传统节日、重大庆典等时机，我们要充分利用各类宣传教育平台，创新宣传教育方式，使传统美德家喻户晓、深入人心。同时，要注重发挥榜样的示范引领作用，宣传先进典型事迹，用身边人、身边事诠释传统美德的时代价值，使人们在耳濡目染中感悟中华优秀传统文化的精神内核。

（四）社会和谐氛围的营造

在人际关系方面，中华优秀传统文化强调“己所不欲，勿施于人”“老吾老以及人之老，幼吾幼以及人之幼”等处世原则，倡导宽容、谦和、互助的人际交往之道。这些观念有助于消除人与人之间的隔阂和对立，营造友善、包容的社会氛围。在现代社会中，面对利益多元、观念差异带来的人际矛盾，积极弘扬和践行中华传统美德，对于增进人际理解、化解社会矛盾具有积极作用。

在社会治理方面，中华优秀传统文化重视“以德治国”“为政以德”等治国理政思想，强调道德感召力在维护社会秩序、凝聚民心方面的重要作用。“国之本在家，家之本在身”的观念揭示了个人修养、家庭伦理与社会和谐的内在联系。发挥传统文化的道德教化功能，培育社会公德、职业道德、家庭美德，对于提升公民道德素质，营造和谐有序的社会环境具有重要意义。

在人与自然关系方面，中华优秀传统文化倡导“天人合一”，强调人应顺应自然规律，与自然和谐相处。在现代社会，生态环境问题日益突出，人与自然的和谐关系面临严峻挑战。中华优秀传统文化中“道法自然”的生态智慧，对于引导人们树立尊重自然、保护环境的意识，推动人与自然和谐共生具有重要启示。此外，“亲仁善邻”“协和万邦”等理念体现了中华民族以和为贵、爱好和平的文化基因，为推动构建人类命运共同体提供了有益启示。

三、推动社会和谐与文明进步

（一）中华优秀传统文化在社会治理中的作用

中华优秀传统文化强调“以人为本”，注重发挥道德教化的作用，倡导通过道德力量来感化、规范个人行为，实现社会和谐稳定。在传统社会中，礼教发挥着维系社会秩序的功能，通过血缘、地缘等纽带，将个人置于家族、宗族、乡里等群体之中，形成了一套约束个人行为的伦理规范体系。个人的言行举止必须符合“礼”的要求，否则就会受到道德谴责和社会排斥。这种道德约束力不仅能够有效抑制个人的不当行为，更能激发个人的道德自觉，培养其遵纪守法、见义勇为的品格。在现代社会治理中，我们同样需要发挥道德教化的作用，加强公民道德建设，提高全社会的道德水平，使个人行为更加符合社会公德和家庭美德。

中华优秀传统文化倡导“德治”，强调以德服人、以德育人，主张为政者应以身作则、率先垂范，以高尚的道德品质和人格魅力感召、凝聚民心。古代圣贤明君无不重视修身养性，严于律己，追求至善至美的境界。他们通过自身的言传身教，树立了道德典范，为百姓树立了学习的榜样。同时，他们还注重对百姓进行道德教化，制定礼乐制度，营造崇德向善的社会风尚。当前，在社会治理中弘扬“德治”思想，就要求领导干部必须讲政德、守公德、严私德，以良好的道德操守赢得群众信任。同时，还要加强社会公德、职业道德、家庭美德教育，引导人们自觉履行公民义务，提升道德修养，形成全社会知荣辱、讲正气、促和谐的良好风尚。

中华优秀传统文化蕴含着浓厚的“民本”情怀，强调“民为邦本，本固邦宁”，主张执政者要心系百姓疾苦，真诚为民服务，赢得民心民意。在传统政治伦理中，“为政以德，譬如北辰居其所而众星拱之”，执政者只有恪守“民本”理念，勤勉尽责，才能获得民众拥护和支持。这种“民本”思想对于现代社会治理具有重要启示。新时代加强和创新社会治理，必须坚持以人民为中心，尊重人民主体地位，发挥人民在社会治理中的主体作用。要畅通民意表达渠道，完善利益协调机制，切实维护人民群众合法权益。领导干部要深入基层一线，倾听群众心声，及时回应群众关切的问题，集中力量为民办实事、解难题，以看得见、摸得着的变化赢得群众信任。唯有如此，社会治理才能获得最广泛、最可靠的群众基础，国家治理体系和治理能力现代化目标才能最终实现。

（二）中华优秀传统文化对社会公德的影响

中华优秀传统文化强调的“修身”理念，为个人道德建设提供了重要指引。“修身”要求个人不断完善自己的品行操守，培养高尚的情操和正确的价值观。在现代社会，这种“修身”精神依然具有重要意义。只有每个公民都能自觉加强道德修养，提升个人素质，才能为社会公德的养成奠定基础。

中华优秀传统文化倡导的“齐家”思想，强调个人品德与家庭责任的统一。一个人只有做好本分、善待家人，才能成为对社会有用的人。这一理念对于当今家庭伦理建设具有重要启示。和谐稳定的家庭关系，是社会和谐稳定的基石。只有广大家庭都能践行优良家风，涵育美德，才能为社会公德的弘扬创造良好环境。

中华优秀传统文化推崇“治国”理念，强调个人利益与国家利益的一致性。国家兴亡，匹夫有责。这种忧国忧民、积极进取的爱国情怀，对于当代公民而言依然具有重要意义。只有公民能自觉将个人利益与国家利益相统一，主动承担社会责任，积极参与公益事业，才能真正实现个人价值和社会价值的有机统一。

“平天下”的理想彰显了中华民族追求大同、维护公平正义的价值追求。在现代社会，虽然“大同”的理想尚未实现，但其蕴含的公平正义理念依然具有现实意义。社会的良性运行，离不开公平正义的价值引领。中华优秀传统文化中“大同”理想所体现的公平正义精神，为当代社会营造公正有序的社会环境提供了重要启示。

（三）中华优秀传统文化在社区建设中的应用

中华优秀传统文化中“修身齐家治国平天下”的理念，为现代社区治理提供了借鉴。“修身”强调个人道德修养的提升；“齐家”要求家庭和睦，人际关系和谐；“治国”则意味着国家的长治久安。将这一理念应用于社区建设，就是要通过加强社区成员的道德教化，营造和谐友善的邻里关系，进而推动社区的稳定发展。在此过程中，传统文化中崇尚“仁爱”、提倡“孝悌”的思想，有助于化解社区矛盾，增进人际理解，促进社区和谐。

中华优秀传统文化讲究“天人合一”，强调人与自然的和谐共生，这一理念对于构建生态宜居的社区具有重要启示。在社区规划建设中，应当尊重自然规律，合理布局绿地景观，打造绿色生态社区。同时，要发挥传统节俭、爱物惜物的美德，倡导绿色低碳的生活方式，共同守护社区的青山绿水。通过传统文化的熏陶，提升社区居民的生态意识和环保责任，形成人人爱护环境、共建美好家园的良好氛围。

中华优秀传统文化蕴含着丰富的教化思想和道德规范，是加强社区精神文明建设的宝贵资源。“己所不欲，勿施于人”的处世哲学，“君子和而不同”的待人之道，无不彰显着中华民族崇德向善、以和为贵的价值追求。将这些思想融入社区文化建设，开展形式多样的传统文化活动，能够陶冶居民情操，净化社区风气，提振精神风貌。同时，发掘社区内的传统文化资源，挖掘乡贤先贤的感人事迹，用身边人、身边事教育社区居民，更能产生潜移默化的教化作用，促进移风易俗。

在社区基层治理中，许多传统智慧值得借鉴运用。比如，“枫桥经验”倡导的“发动和依靠群众，化解矛盾于无形”的理念，体现了传统“协和万邦”的治国方略。在调解社区纠纷时，可以借鉴这一思路，发挥群众力量，促进矛盾自行化解。又如，传统民间组织在调解纠纷、互助养老等方面发挥的作用，也为完善现代社区治理机制提供了有益启示。挖掘和运用这些传统智慧，有利于创新社区治理模式，提升治理效能。

四、提升国家文化软实力与竞争力

（一）文化软实力的内涵

文化软实力是一个国家或民族长期积淀形成的价值观念、思维方式和行为规范等精神力量的综合体现。它不同于硬实力，如经济实力、军事力量等，更多地体现为一种无形的影响力和感召力。一个国家的文化软实力越强，其在国际舞台上的话语权就越大，越能赢得他国人民的尊重和认同。

中华优秀传统文化蕴含着丰富的思想智慧和道德理念，是我国文化软实力的重要组成部分。儒家“仁、义、礼、智、信”的道德伦理观念、道家“天人合一”的宇宙哲学思想、佛教“慈悲为怀”的人生态度等，都对中华民族的精神世界产生了深远影响。这些优秀传统文化不仅塑造了中国人独特的价值取向和人格气质，也为人类文明进步贡献了宝贵的精神财富。

在现代化进程中，中华优秀传统文化也面临着一些挑战和困境。一方面，西方文化的强势入侵对中华传统文化构成了一定冲击，部分国人出现了文化自卑、盲目崇洋的倾向；另一方面，中华传统文化在现实生活中的传承和弘扬力度不够，许多优秀的文化遗产面临失传的危险。这些问题在一定程度上削弱了我国文化软实力的根基。

因此，增强中华优秀传统文化的生命力、提升国家文化软实力，已经成为新时代的紧迫任务。这需要我们在继承和弘扬传统文化的过程中，一方面要坚定文化自信，充分认识中华文化的独特魅力和当代价值；另一方面要与时俱进，不断赋予传统文化以新的时代内涵，使之与现代社会相适应。

具体而言，我们要加强中华优秀传统文化教育，将其纳入国民教育体系，引导人们特别是青少年树立正确的价值观念和道德规范。同时，要创新传统文化传播方式，利用现代科技手段和新媒体平台，拓宽传统文化的传播渠道，提升传播效果。此外，还要大力发掘和保护传统文化遗产，加强对非物质文化遗产的抢救性记录和传承，让中华优秀传统文化基因永续传承。

（二）中华优秀传统文化在国际传播中的作用

中华优秀传统文化在国际传播中扮演着不可或缺的角色，它是中华民族智慧的结晶，蕴含着深厚的历史积淀和独特的民族精神。随着全球化进程的不断深入，中华优秀传统文化在跨文化交流中的作用日益凸显。一方面，中华优秀传统文化是展示国家形象、提升文化软实力的重要载体。通过中华优秀传统文化的国际传播，我们能够向世界展示中华文明的博大精深，让更多国家和民族了解中国、认识中国，从而提升国家的文化影响力和国际地位。精心策划的文化交流活动，如中国文化年、孔子学院等，为中华优秀传统文化走向世界搭建了广阔平台。另一方面，中华优秀传统文化也是促进民心相通、增进国际理解的桥梁和纽带。中华优秀传统文化所蕴含的人文精神和价值理念，如“和而不同”“天人合一”等，超越了国界和种族的藩篱，能够引起不同文化背景下人们的共鸣。通过传统文化交流，我们能够找到不同文明之间的契合点，增进相互理解和包容，为构建人类命运共同体贡献智慧和力量。

在中华优秀传统文化的国际传播过程中，还应注重与当代元素的有机结合，增强文化内容的时代感和吸引力。比如，在传统戏曲的海外演出中，可以融入现代舞台技术和表现手法，使之更容易被外国观众接受和喜爱。又如，在传统手工艺的国际推广中，可以结合现代设计理念和消费需求，开发出兼具传统韵味和实用性的文创产品，拓展传统文化的国际市场。总之，在坚持中华优秀传统文化本真性的基础上，通过创新性的文化转化和表达，能够激发中华优秀传统文化的生命力，提升其国际传播的实效性。

在新时代背景下，中华优秀传统文化的国际传播要与国家总体外交相协调，服务于构建人类命运共同体的宏伟目标。要立足文明互鉴、包容并蓄的理念，以平等、互利、共赢的姿态开展文化交流，推动不同文明间的对话和合作。同时，还要重视人才队伍建设，培养一批熟悉国际规则、通晓跨文化传播的复合型人才，为中华优秀传统文化的国际传播提供智力支撑和人才保障。只有不断增强传统文化的国际影响力和感召力，才能为我国的和平发展营造良好的外部环境，为人类文明进步贡献更多中国智慧和中国方案。

中华优秀传统文化是中华民族的宝贵财富，也是人类文明的重要组成部分。在全球化的今天，中华优秀传统文化的国际传播肩负着弘扬民族精神、促进文明交流的重任。我们要以开放包容的心态，积极推动中华优秀传统文化“走出去”，让世界感受中华文明的魅力，为建设一个持久和平、普遍安全、共同繁荣、开放包容、清洁美丽的世界贡献力量。这不仅关乎国家文化软实力的提升，更关乎人类命运共同体的构建，意义重大而深远。

（三）文化产业的发展与创新

从内容创新的角度来看，文化产业的发展要立足中华优秀传统文化，深入挖掘其中蕴含的思想精华和道德理念，并结合时代特点进行创造性转化和创新性发展。一方面，要继承和弘扬中华民族的传统美德，如诚信、友善、勤俭、自强不息等，使之成为文化产品创作的精神内核；另一方面，要紧跟时代步伐，把握人们多元化、个性化的审美需求，创作出思想性、艺术性、观赏性相统一的优秀文化作品。只有不断推陈出新、持续提供高质量的文化产品，才能真正满足人们日益增长的精神文化生活需要，提升国家文化软实力。

从传播渠道创新的角度来看，文化产业要积极顺应信息技术革命的浪潮，充分发挥新媒体的传播优势。当前，互联网、移动终端、人工智能等新技术日新月异，深刻改变了人们的生产生活方式。文化产业要主动拥抱这些新技术、新平台，加快“互联网＋”“智能＋”等数字化转型步伐。通过开发文化类App、打造沉浸式体验项目、利用大数据分析用户特征等方式，构建起线上线下相结合、内容形态多样、传播方式立体化的现代文化传播体系。只有不断拓宽传播渠道、提升传播效能，才能有效扩大优秀文化的覆盖面和影响力，实现文化产品价值的最大化。

从运营模式创新的角度来看，文化产业要积极探索市场化、专业化、规模化的发展路径。长期以来，我国文化产业存在着体制机制不够完善、市场主体活力不足、产业链条不够完整等问题，制约了文化产业的良性发展。为了突破这些瓶颈，一方面要深化文化体制改革，理顺政府与市场的关系，营造公平竞争的市场环境；另一方面要加快培育各类市场主体，鼓励社会资本进入文化领域，推动形成多种所有制和经营方式并存的文化市场格局。同时，还要注重发挥龙头企业的引领作用，支持中小微企业专业化、特色化发展，促进大中小企业融通发展、上下游企业分工协作，共同打造完整高效的现代文化产业链。

（四）文化交流与合作的推动

中华优秀传统文化所倡导的“和而不同”理念，为不同文明之间的交流互鉴提供了智慧启迪。这一理念强调在承认差异的基础上求同存异、和谐共处，摒弃偏见和对立，在平等互利中实现共同发展。将“和而不同”的理念运用到文化交流中，意味着要以包容开放的心态看待不同文明，增进相互了解，加强对话沟通，在交流互鉴中取长补短、共同进步。

中华传统文化还高度重视“信”的价值理念，视“信”为立身之本、行事之基。“信”的内涵不仅包括诚实守信，还涵盖了对他人、对社会的责任担当。在文化交流与合作中弘扬“信”的理念，有利于增进互信、践行承诺，为深化交流合作奠定道德基础。文化交流的过程也是相互学习、相互借鉴的过程。中华优秀传统文化历来提倡“博学之，审问之，慎思之，明辨之，笃行之”，强调学习应该全面系统、融会贯通，并身体力行。这为文化交流合作方式方法的创新提供了有益启示。在交流过程中，应秉持严谨治学的传统，深入考察不同文明的发展脉络和动因所在，透过现象看本质、由表及里地加以把握，在系统反复的学习和比较中实现融通创新。

中华传统文化还蕴含着天人合一、民胞物与的生态理念，强调人与自然、人与万物的和谐共生，这与当今时代呼唤可持续发展、人与自然和谐共生的时代主题高度契合。在文化交流合作中弘扬这一理念，有利于为应对全球性挑战、构建人类命运共同体贡献智慧力量。中华优秀传统文化的深邃思想、博大胸怀和永恒魅力，必将在新时代焕发出更加夺目的光彩。将传统文化中的优秀因子转化为推动当代文化交流与合作的动力，对于促进不同文明交流互鉴、推动人类文明进步具有重要意义。

第二章　高校心理教育的基础知识

第一节　高校心理教育的定义与内涵

一、高校心理教育的定义

（一）心理教育的基本概念

心理教育主要研究人的心理现象、心理特点和心理活动规律，旨在通过心理健康知识的传授、心理品质的培养和心理行为的辅导，促进个体身心和谐发展。心理教育不仅关注个体的认知、情感、意志、人格等心理要素，更强调个体与外部环境的良性互动。通过心理教育，个体能够更好地认识自我、接纳自我，学会自我调节和自我管理，树立积极的人生态度，塑造健全的人格品质。

在高校教育中，心理教育具有特殊的意义和价值。大学阶段是学生世界观、人生观、价值观形成的关键时期，也是心理问题高发的敏感期。许多大学生面临学业压力、人际关系、情感困扰等多重心理挑战，容易产生焦虑、抑郁、自卑等心理问题，严重影响身心健康和学业发展。因此，高校必须高度重视心理教育工作，将其纳入人才培养的全过程，着力加强学生心理健康教育和心理素质培养。

高校心理教育要坚持育心与育德相结合，促进大学生全面发展。一方面，要开展系统的心理健康教育，普及心理学基本知识，提高学生心理保健意识和心理调适能力。通过专题讲座、团体辅导、个别咨询等多种形式，及时疏导学生情绪，化解心理困惑，传授自我认知和情绪管理的方法，增强学生的心理免疫力。另一方面，要将心理教育渗透到思想政治教育中，引导学生树立正确的人生价值取向，塑造积极乐观、自信进取的精神风貌。要充分发掘中华优秀传统文化中蕴含的心理健康理念，如“知行合一”“举重若轻”等，激发学生心理潜能，提升心理调适的文化自觉。

高校心理教育还应立足预防为主、防治结合的工作方针。一方面，要广泛开展心理健康教育活动，加强师生、同学之间的沟通交流，营造良好的心理氛围，从源头上减少心理问题的发生。另一方面，要做好心理问题高危人群的筛查和干预，完善心理危机预警和干预机制，为有需要的学生提供个性化、专业化的心理辅导和治疗，最大限度地降低心理问题对学生成长的不利影响。

（二）高校心理教育的特征

从内涵上看，高校心理教育具有明显的交叉性和综合性特点。它不仅涉及心理学、教育学等多个学科领域，更强调理论与实践的紧密结合。高校心理教育不仅要传授心理学知识，帮助学生认识自我、调适情绪，更要通过心理咨询、团体辅导等多种实践形式，提升学生的心理素质和社会适应能力。这就要求高校心理教育工作者既要具备扎实的理论功底，又要具有丰富的实践经验和较强的应用能力。

从功能定位上看，高校心理教育兼具预防、发展和适应三重功能。一方面，它通过心理健康教育和心理辅导，帮助学生预防各类心理问题的发生，维护其身心健康；另一方面，它着眼于学生的全面发展，通过开展心理潜能开发、人格培养等活动，促进学生的自我认识和自我完善；此外，它还注重提高学生应对环境变化、人际交往等方面的适应能力，为其顺利完成学业、步入社会奠定基础。这三重功能相辅相成、缺一不可，共同构成了高校心理教育的核心内涵。

从实施路径上看，高校心理教育呈现制度化、专业化、常态化的发展趋势。一是建章立制，将心理健康教育纳入人才培养方案，明确其课程地位和学分要求；二是配备专业力量，成立心理健康教育与咨询中心，配备专职教师和心理咨询师；三是形成常态机制，通过开设心理健康必修课、开展心理健康主题教育活动等形式，将心理教育渗透到大学生日常教育的全过程。这些制度化、专业化、常态化的举措，为高校心理教育的科学化、规范化发展提供了重要保障。

从教育理念上看，高校心理教育强调以人为本、因材施教。它尊重大学生的主体地位，关注其身心发展规律和个性特点，提倡因人而异、因需而教。在教育内容上，针对不同年级、不同专业学生的认知水平和心理特点，设计不同的教学主题和培养目标；在教育方法上，灵活采用个别咨询、团体辅导、心理测评等多种方式，满足学生的差异化需求；在师生关系上，强调平等互动、共情，营造温暖、包容的育人氛围。这种以人为本、因材施教的教育理念，体现了高校心理教育的人文关怀，彰显了其服务学生成长成才的价值追求。

二、高校心理教育的学科交叉性

（一）心理学与教育学的交叉

心理学与教育学的交叉融合为高校心理教育的发展提供了理论基础和实践指导。心理学是研究人的心理现象和行为规律的科学，它不仅揭示了个体心理发展的一般规律，更关注个体差异和环境因素对心理发展的影响。而教育学则是研究教育现象和教育问题的科学，旨在探讨教育目的、内容、方法等问题，促进受教育者身心全面发展。二者在研究对象、研究方法和研究目的上有着诸多交叉和融合之处。

高校心理教育作为心理学和教育学交叉的产物，既继承了二者的理论精华，又融合了二者的实践智慧。从理论层面看，高校心理教育吸收了心理学的诸多理论，如认知发展理论、人格理论、社会学习理论等，这为理解大学生心理发展规律、分析心理问题成因提供了重要依据。同时，高校心理教育又借鉴了教育学的诸多原则，如因材施教、启发诱导、循序渐进等，这为开展心理健康教育实践提供了方法指导。从实践层面看，心理咨询与辅导作为心理学的重要应用领域，已经成为高校心理教育的重要形式。而团体辅导、心理训练等教育学的实践方法，也被广泛运用于心理健康教育课程和活动中。可以说，正是心理学与教育学在高校心理教育领域的交叉融合，推动了心理健康教育理论体系和实践模式的创新发展。

心理学与教育学在高校心理教育中的融合并非毫无矛盾和冲突。二者在研究视角、价值取向等方面存在一定差异，如心理学更关注个体的心理机制和行为表现，而教育学则更注重个体与环境的互动和社会化过程。在实践中，过度强调心理学的医疗模式，可能导致忽视教育的预防和发展功能；而过于依赖教育学的说教方式，又可能无法深入理解个体的内心世界。因此，在高校心理教育中协调好心理学和教育学的关系，对于提升心理健康教育的科学性和有效性至关重要。

（二）心理学与社会学的交叉

社会学的视角和方法为理解个体心理提供了重要参照，有助于揭示个体心理的社会基础和形成机制。同时，心理学的理论和技术又为分析社会现象、解决社会问题提供了有益借鉴。在高校心理教育实践中，融合心理学和社会学的知识，能够更加全面、深入地认识大学生的心理特点和行为规律，从而提出更加科学、有效的教育策略。

社会学理论强调个体行为和心理的社会建构性，认为个人的认知模式、情感反应、价值取向等都深受社会文化环境的影响。这一视角引导我们关注大学生心理发展的社会情境，思考不同社会阶层、家庭背景、地域文化等因素对大学生心理的塑造作用。例如，社会学视角下的自我概念理论指出，个体对自我的认识和评价很大程度上源自他人的评价和社会互动。这启示我们在心理教育中要高度重视营造积极向上的校园文化氛围，引导学生通过丰富的社会实践和交往活动塑造积极健康的自我认同。

社会学还十分关注群体心理和行为的特点，这对于理解大学生的适应问题具有重要意义。大学生在踏入校园的同时，也融入了一个全新的社会群体。社会学的相关研究发现，群体压力、从众心理等都会对个体产生巨大影响。心理教育工作者需要借助社会学理论，加深对大学生群体特点的认识，有针对性地开展团体辅导和个别咨询，帮助大学生提高自我认知、自我管理的能力，在复杂的群体互动中保持独立自主的人格。

心理学的个体差异视角又能为社会学研究提供重要支撑。在关注社会宏观层面的同时，心理学更加注重个体的主观能动性和独特性。将心理学方法引入社会学研究，有助于深入剖析社会现象背后的心理机制，揭示个体在面对社会变迁时的主观感受和应对策略。同时，发挥心理学在个体心理测评、干预等方面的技术优势，也能够为社会问题的解决提供新的路径。这对于提升高校心理教育的针对性和有效性具有重要价值。

（三）心理学与医学的交叉

在高校心理健康教育中，心理学与医学的交叉主要体现在以下几个方面。

心理学和医学的交叉为心理健康教育提供了科学的理论指导。心理学理论如人本主义理论、认知行为理论等，为理解大学生心理发展规律、制定针对性的心理健康教育策略提供了重要参考。同时，医学特别是精神病学、脑科学等学科的最新研究成果，也为心理健康教育实践提供了新视角和新方法。比如，脑科学的研究发现，大脑的可塑性为通过心理训练、思维练习等方式改善心理健康状况提供了科学依据。

心理学与医学的交叉促进了心理健康教育内容的拓展和教育方法的创新。

传统的高校心理健康教育主要局限于普及心理健康知识，缺乏系统性和实效性。而将医学特别是精神医学的相关内容引入心理健康教育，如心身疾病的预防、常见心理障碍的识别与干预等，能够丰富教育内容，增强教育的针对性和实用性。同时，医学领域的一些理念和方法，如循证实践、个案分析等，也为创新心理健康教育模式提供了有益借鉴。

心理学与医学的交叉为构建高校心理危机干预体系提供了重要支撑。大学生处于人生发展的关键时期，面临着学业、人际、情感等多重压力，心理问题和心理危机时有发生。单纯依靠心理健康教育难以有效应对复杂的心理危机。而心理学和医学的交叉融合，能够在心理危机预防、早期识别、分级干预等方面形成合力，构建起及时、有效的心理危机干预体系。比如，通过建立心理档案、开展心理普查，早期发现心理问题苗头；对出现心理危机的学生及时转介至医疗机构，接受专业诊断和治疗。

心理学与医学的交叉还为培养复合型心理健康教育人才提供了新路径。传统的心理健康教育工作者主要来自心理学专业，专业视野和知识结构较为单一。而心理学与医学的交叉融合，要求健康教育工作者既要掌握扎实的心理学理论知识，又要了解基本的医学常识，能够在教育教学中灵活运用多学科知识。这对拓宽心理健康教育工作者的专业视野、提升其综合育人能力大有裨益。一些高校还尝试从在校医学生中选拔和培养兼职心理健康教育助理，发挥其专业特长，参与心理健康教育和咨询辅导工作。

三、高校心理教育的重要性

（一）预防心理问题

1. 高校需要建立完善的心理健康监测和筛查机制

通过定期开展心理测评，及时发现存在心理困扰或异常的学生，为后续干预提供依据。同时，高校还应该充分利用新媒体平台，开通心理健康咨询热线、网络咨询等多元化服务渠道，方便学生随时寻求帮助。对于筛查出的高危学生，要及时安排专业心理咨询师进行个案会谈，评估其心理状况，制订针对性的干预方案。

2. 加强心理健康教育，提升学生心理素质

高校应开设必修的心理健康课程，系统地向学生传授心理学知识，教授情绪管理、压力应对等实用技能。课堂教学要突出互动性和体验性，通过案例分析、角色扮演等方式，引导学生正确认识和表达自我，增强心理调适能力。同时，高校还可以充分发挥朋辈教育的作用，培养学生心理委员，鼓励学生互助，营造关爱支持的校园氛围。

3. 营造积极向上的校园文化

高校要树立以人为本、关爱学生的教育理念，将心理健康教育融入人才培养全过程。教师要以更加包容、更加民主的方式对待学生，尊重学生的个体差异，给予其充分的理解和支持。同时，高校还要积极开展丰富多彩的校园文体活动，为学生搭建施展才华、陶冶情操的平台，引导其树立正确的人生观、价值观。

4. 家校社会合力

高校要主动加强与家长的沟通，构建家校协同育人机制，引导家长关注子女心理，给予必要的情感支持。同时，高校还要积极整合社会资源，与医疗机构、心理咨询机构等建立长效合作，为学生提供更加专业、更加及时的心理服务。

（二）增强社会适应能力

社会适应能力是一个多维度的概念，涵盖了个体在社会交往、情绪管理、自我认知等诸多方面的能力。这些能力的形成和发展离不开系统、专业的心理教育引导。

高校阶段是学生人格塑造和社会化的关键时期。在这一时期，学生面对着学业压力、人际关系、情感问题等多重挑战，容易产生焦虑、抑郁等负面情绪，影响其社会适应能力的发展。高校心理教育通过开设心理健康课程、组织团体辅导、个别咨询等多种形式，帮助学生正确认识和应对这些挑战，提升其情绪管理和问题解决能力。

通过心理测评、自我探索等活动，引导学生深入了解自己的性格特点、兴趣爱好、价值观念，形成积极、稳定的自我认知，这是适应社会的重要基础。

在人际交往方面，心理教育通过开展社交技能训练、人际关系团体等，帮助学生学习有效的沟通策略，提升其倾听、表达、协作等能力，为其适应未来的社会角色奠定基础。

通过案例分析、角色扮演等方式，引导学生正确看待挫折和失败，提升其应对逆境的韧性和勇气。同时，心理教育还渗透社会主义核心价值观教育，培养学生正确的世界观、人生观和价值观，增强其社会责任感和奉献精神，使其成为适应社会、服务社会的有用人才。

第二节　高校心理教育的实施途径

一、开展心理健康教育讲座与研讨会

（一）讲座主题选择

从学生心理特点来看，大学生正处于世界观、人生观、价值观形成的关键时期，他们的心理发展呈现多样性、独特性和复杂性。一方面，大学生的认知能力日趋成熟，思维逐渐深入，对人生意义、社会责任等抽象命题产生了强烈的探索欲望；另一方面，他们在情感、人格、社交等方面仍处于发展和定型阶段，容易产生迷迷惘、焦虑、冲突等心理问题。因此，高校心理健康教育讲座应紧密结合大学生的这些心理特点，有的放矢地设置主题。比如，针对大学生的认知发展需求，可以开设“人生价值与生涯规划”“创新思维与批判性思考”等讲座，引导其形成积极向上的人生追求；针对大学生的情感发展需求，可以开设“情绪管理与压力应对”“恋爱心理与婚姻准备”等讲座，帮助其正确认识和调适情绪，建立良好的人际关系；针对大学生的人格发展需求，可以开设“自我认知与个性完善”“品德修养与道德发展”等讲座，促进其人格的成熟和道德水平的提高。总之，讲座主题的设置要立足学生实际，关注其在不同发展阶段的现实需求和内在诉求。

从心理学学科发展来看，当代心理学已经形成了包括认知心理学、发展心理学、社会心理学、教育心理学等在内的多个分支，每个分支都围绕特定的心理现象展开了深入细致的研究。这些研究成果不仅丰富了心理学的理论体系，更为心理健康教育实践提供了科学依据和指导。高校心理健康教育讲座应主动吸收心理学前沿的研究成果，将其转化为贴近学生生活、易于学生理解的教育内容。例如，认知心理学的研究表明，人的注意、记忆、思维等认知过程都受到动机、情感等因素的影响。据此，教育工作者可以设计“学习动机与自主学习”“元认知与学业成就”等讲座主题，揭示内在心理因素与学习效果的关系，指导学生优化学习心理和策略。又如，积极心理学的兴起为人们认识幸福提供了新视角。教育工作者可以开设“品格优势与幸福感提升”“心流体验与生活满意度”等讲座，引导学生发掘自身优势，体验生活中的美好。总之，紧跟心理学研究前沿，把握学科发展脉搏，对于拓宽教育视野、增强教育实效具有重要作用。

从学校教育教学实际来看，大学生的心理问题具有一定的共性，但又因学校类型、专业特点、地域文化的差异而呈现多样性。这就要求心理健康教育讲座在主题选择上，既要立足普遍性的心理问题，如人际交往、学习适应、情绪管理等，以满足广大学生的共同需求，又要关注不同学校、不同专业学生的特殊诉求，有针对性地开设讲座。举例来说，艺术类院校的学生普遍创造力强，但情绪波动大，人际敏感度高。针对这一特点，可以重点开设“创造力开发与情绪疏导”“艺术生涯与自我管理”等讲座，引导学生在创造力发挥和情绪表达之间寻求平衡；又如，医学院校的学生将来从事助人职业，需要具备更高的责任心、同理心和抗压能力。因此，可以侧重开设“医患沟通与压力管理”“临床决策与团队合作”等讲座，帮助学生做好职业心理准备。总之，讲座主题的确定要在总结学生共性问题的基础上，充分考虑学校办学特色和专业发展需要。

选择恰当的讲座主题只是心理健康教育的第一步，教育工作者还需要围绕主题进行系统的内容设计，合理运用案例分析、情景模拟、小组讨论等多种教学方法，最大限度地调动学生参与的积极性，拉近理论与实践的距离。同时，教育工作者要加强教学反思，及时收集学生反馈，不断优化教学方案，扩大教育覆盖面。只有持续深化教育教学改革，创新教育教学模式，才能真正提升大学生的心理素质，促进其身心全面发展。

（二）研讨会形式设计

在研讨会的设计中，选题是关键。一个好的研讨主题应该紧密结合大学生的心理发展特点和现实需求，具有较强的针对性和吸引力。比如，针对大学新生适应问题开展“走进大学生活”研讨会，针对毕业生择业压力开展“和压力做朋友”研讨会等。可以根据主题内容和参与人数，灵活采用小组讨论、角色扮演、情景模拟、案例分析等多种形式，调动学生的多感官参与，增强互动性和趣味性。

在研讨会的实施过程中，教师要充分发挥引导和促进作用。一方面，教师要精心设计问题情境，提出有价值、有意义的讨论问题，引导学生进行深入思考和积极讨论。同时，教师还要鼓励学生畅所欲言，营造平等、宽松的讨论氛围，尊重学生的独特感受和个性化表达。另一方面，教师要适时总结归纳，梳理讨论成果，将学生的探索和感悟上升到理论高度，引导其内化为自己的心理认知和行为准则。

研讨会的成功实施离不开参与者的积极配合。因此，在研讨会开始前，教师要做好宣传发动工作，提前告知学生研讨主题、形式、要求等，调动其参与的主动性。同时，还要引导学生做好准备工作，如查阅文献、撰写体会等，为研讨会的深入开展奠定基础。在研讨过程中，教师要关注每一位学生的参与状态，适当给予鼓励和点拨，促进人人参与、人人受益。

研讨会后的延伸活动也不容忽视。教师可以引导学生撰写研讨心得，开展研讨成果展示，将研讨会所得运用到实际生活中。这些延伸活动不仅能够巩固研讨成果，还能进一步拓宽学生的视野和思路，提升研讨会的教育效果。

（三）专家讲座邀请

专家讲座的主题选择至关重要。它应紧密结合大学生的心理发展特点和现实需求，涵盖自我认知、情绪管理、人际交往、学习适应、生涯规划等多个方面。同时，讲座主题还应具有时代性和前瞻性，关注社会热点问题和心理学研究新进展，如网络成瘾、就业压力、创新创业心理等。只有紧扣学生的关切点，讲座内容才能入脑入心，引发学生的共鸣和思考。

专家的选择也需要慎重考虑。除了要具备扎实的理论功底和丰富的实践经验外，专家还应具有良好的表达能力和教学技巧，善于运用生动、活泼的语言和形象、生动的案例来阐释深奥的心理学原理，调动学生的听讲热情。此外，专家最好能与学生保持积极互动，通过提问、讨论等方式加深学生对讲座内容的理解和内化，提升讲座的教学效果。

在组织形式上，专家讲座应突破传统的“满堂灌”模式，注重创新和互动。可以采用专题讲座、案例分析、小组讨论、角色扮演等多种形式，激发学生的参与热情。同时，还可以利用网络直播、在线问答等信息化手段，扩大讲座的受众范围和影响力。通过灵活多样的组织形式，让专家讲座真正成为学生喜闻乐见、受益匪浅的心理健康教育活动。

高校还应建立专家讲座的长效机制，将其纳入学校心理健康教育的整体规划。可以与知名高校、科研院所建立长期合作关系，定期邀请国内外知名专家来校讲学。同时，要加强对讲座效果的评估和反馈，根据学生的反馈意见和实际需求，不断优化讲座内容和形式，提升专家讲座的针对性和实效性。

（四）学生参与反馈

通过学生积极参与、主动反馈，讲座主题的针对性得以加强，专家讲座的内容更贴近学生实际需求。为充分调动学生参与热情，心理健康教育者应在讲座形式设计上精益求精。互动式问答与小组讨论相结合，能够有效唤起学生兴趣，鼓励其表达真实想法。学生的分享与互动不仅帮助讲座专家动态调整授课内容，也让参与者在交流碰撞中加深对心理健康知识的理解和内化。

良好的学生反馈机制应贯穿心理健康教育全过程。在讲座前，通过问卷调查、访谈等方式广泛收集学生意见，了解其关注的热点焦点问题，以此确定讲座主题，邀请相关领域专家。讲座后，及时收集学生的感想体会，评估其获得感，为未来活动的优化完善提供依据。学生反馈的采集和分析需坚持系统化、规范化，既重视定量数据，也关注定性分析，力求全面、客观地把握学生诉求。

学生参与反馈的质量直接影响心理健康教育成效。为鼓励学生积极参与，提升反馈质量，高校可从软硬两方面着手营造良好氛围。一方面，加大心理健康教育的宣传力度，普及相关知识，提高学生参与意识；另一方面，完善反馈渠道，简化反馈流程，为学生提供便利条件。学生参与反馈的内容应具有广泛性和深刻性，既涵盖讲座主题、形式、效果等方方面面，又深入剖析讲座内容给自身带来的启发和影响。唯有学生反馈不流于表面，才能为心理健康教育工作者提供有价值的参考。

学生参与反馈过程本身也蕴含着宝贵的教育价值。积极反馈有助于提升学生的主人翁意识，增强其对心理健康教育的获得感和参与感。在表达想法、倾听他人的过程中，学生的语言表达、逻辑思辨等能力也得到锻炼和提高。反馈过程中的平等交流、真诚分享，更有利于学生克服对心理问题的偏见，学会以更加开放、包容的心态面对自我成长。

二、设立心理咨询室与心理咨询服务

（一）心理咨询室的功能与配置

高校心理咨询室应致力于为全体师生提供专业、规范、多元化的心理咨询与心理治疗服务。一方面，心理咨询室要聚焦常见的心理问题和心理障碍，如抑郁、焦虑、人际关系困扰等，开展个别和团体心理咨询，帮助来访者疏导情绪，认识自我，提升心理调适能力。同时，针对有自杀倾向、严重精神障碍等高危师生，心理咨询室还应提供危机干预和转介服务，最大限度地降低心理问题的负面影响。另一方面，心理咨询室还应重视发展性和预防性的工作，通过成长团体、心理健康讲座等形式，增强师生的心理保健意识，提高心理素质，从而实现心理问题的早期预防和干预。

高校心理咨询室的硬件设施建设应遵循隐私保护、舒适安全、功能齐全的原则。首先，心理咨询室的选址应尽量独立，远离人员密集区域，并设置隔音良好的单独咨询室，以保障来访者的隐私。其次，心理咨询室内部应营造温馨、舒适的环境氛围，合理布置沙发、绿植等，缓解来访者的紧张情绪。再次，心理咨询室还应配备必要的心理测量、放松训练等辅助设备，为开展个性化咨询服务提供硬件支持。同时，现代化的信息管理系统也是不可或缺的，它可以提高预约、档案管理等工作效率，便于咨询师及时掌握来访者动态。

功能定位和硬件配置并非相互独立，而是相辅相成、密不可分的。只有根据实际工作需求合理规划心理咨询室的功能，才能有针对性地配置硬件资源；反之，完善的硬件设施也是保障心理咨询室功能的物质基础。因此，高校在建设心理咨询室时，应统筹兼顾、科学规划，在明确功能定位的基础上，因地制宜地配备各类硬件设施，为更好地服务师生心理健康提供坚实保障。

（二）心理咨询服务的内容与形式

从内容上看，高校心理咨询服务应该覆盖大学生成长发展的各个方面。一方面，要关注学生的学习适应问题，如学习动机不足、自控力薄弱、考试焦虑等，帮助其顺利完成学业；另一方面，要关注学生的人际交往问题，如人际敏感、沟通障碍、恋爱困惑等，引导其学会与人相处。同时，还要关注学生的情绪管理问题，如抑郁、焦虑、愤怒等，协助其学会调节情绪。对于一些重点问题，如心理创伤、自杀倾向等，更需要给予高度重视和积极干预。总之，心理咨询的内容要全面细致，切合学生的现实需求。

从形式上看，高校心理咨询服务应该灵活多样，满足不同学生的差异化需求。个别咨询是最基本的形式，咨询师通过一对一交流，深入了解学生的想法，提供针对性的指导。团体辅导则通过小组活动，引导学生相互交流、彼此支持，增强解决问题的信心。电话咨询、网络咨询作为补充形式，可以拓宽服务的时空范围，方便学生随时寻求帮助。心理测评、职业生涯规划等专题活动，能够帮助学生更好地认识自我、规划未来。危机干预、转介服务则是应对特殊情况的重要保障。总之，心理咨询的形式要丰富创新，兼顾学生的隐私性和便捷性。

建设专业化的心理咨询师队伍是提供优质服务的关键。高校要加强对心理咨询师的培养和管理，提高其职业素质和服务能力。一方面，要完善心理咨询师的选拔机制，吸引具有心理学专业背景和实践经验的人才加入。另一方面，要加强对心理咨询师的在职培训，帮助其掌握先进的理论知识和实务技能，提高服务质量。同时，还要建立健全心理咨询师的考核评估制度，将咨询效果、服务态度等纳入评价指标，激励其提升工作绩效。对于表现突出者，可以给予物质奖励和精神鼓励。总之，高校要把“人才强校”战略落实到心理健康教育领域，为学生提供专业化、高品质的咨询指导。

加强心理咨询服务的宣传推广也十分必要。许多学生对心理咨询存在认识误区，认为寻求帮助是懦弱的表现，这种观念阻碍了其主动求助的意愿。为了消除这一障碍，高校要通过多种渠道加强宣传教育，普及心理健康知识，传播积极向上的价值观念。例如，可以通过开设心理健康教育必修课、举办心理健康宣传月等活动，帮助学生正确认识心理问题，消除求助的心理障碍。又如，可以邀请社会名人、学生代表讲述心理求助的亲身经历，发挥典型示范的引领作用。同时，还要注重加强网络宣传，利用微信、微博等新媒体平台，扩大心理咨询服务的覆盖面和影响力。宣传工作做实做细，才能在学生中树立心理咨询的良好形象，使其成为自觉维护心理健康的重要途径。

（三）心理咨询师的培训与管理

1. 系统、科学的培训

心理咨询是一项对人的行为具有直接影响的专业性很强的工作，需要咨询师具备扎实的心理学理论基础和熟练的咨询技能。因此，高校应当制订完善的培训计划，采取多种培训形式，帮助心理咨询师掌握必要的理论知识和实践技能。一方面，可以通过定期举办专题讲座、学术研讨等方式，邀请国内外知名专家学者授课，使心理咨询师及时了解心理咨询领域的最新进展和前沿动态。另一方面，还应开展案例研讨、角色扮演、督导等实践性培训活动，给心理咨询师提供练兵机会，在实践中提高咨询水平。

2. 加强职业道德教育

心理咨询工作涉及当事人的个人隐私和情感脆弱面，对咨询师的道德品质提出了很高要求。高校应将职业道德教育贯穿心理咨询师培训和管理的全过程，引导其树立以来访者利益为先的服务意识，自觉遵守保密原则，尊重来访者的人格尊严和自主权。同时，还要加强心理咨询师的法律意识教育，要求其严格按照《心理咨询师国家职业标准》从事咨询活动，不得超越执业范围，更不能借咨询之机谋取不正当利益。只有严格自律、坚守底线，才能赢得来访者的信任，树立心理咨询的良好形象。

3. 建立健全的管理制度

高校应结合自身实际，制定科学、合理的管理制度，从资质认定、过程监管、绩效考核等方面对心理咨询师进行全方位管理。首先，要规范心理咨询师的准入机制，严把资质关，确保上岗人员具备相应的学历背景和专业能力。其次，要完善咨询过程管理，规范咨询流程，加强过程记录，及时了解掌握咨询动态。再次，要建立科学的绩效考核体系，根据咨询数量、咨询效果等指标，客观评价心理咨询师的工作实绩，并将考核结果与其职称晋升、薪酬待遇等挂钩。

4. 营造良好的职业环境

心理咨询工作压力大、强度高，极易导致咨询师产生职业倦怠。高校应高度重视这一问题，为心理咨询师创造积极向上的工作氛围。一方面，要适当提高心理咨询师的薪酬待遇，建立与其工作压力和贡献相匹配的激励机制。另一方面，要加强心理咨询师的自我保护教育，引导其学会自我减压、自我调适，预防和缓解职业倦怠。同时，还要搭建心理咨询师之间的沟通交流平台，组织开展联谊活动，增强心理咨询师的归属感和职业认同感。

三、结合学科教学与团队活动开展心理教育

（一）学科教学中的心理教育方法

从知识维度来看，学科教学可以通过合理设置教学内容，引导学生掌握必要的心理健康知识。例如，在语文教学中，教师可以选择富有生命意义和情感内涵的文学作品，引导学生体悟人生哲理，感悟生命价值，从而增强心理韧性，提升情绪管理能力。又如，在生物学教学中，教师可以介绍神经系统、内分泌系统的结构和功能，帮助学生理解人体的生理机制，客观认识心理现象的生物学基础，树立科学的心理健康观念。通过学科知识的学习，学生能够更全面地认识自我，理解他人，洞悉人性，这为其心理健康发展奠定了重要的认知基础。

从能力维度来看，学科教学为学生提供了锻炼心理能力的广阔舞台。在数学教学中，教师可以设计开放性的问题情境，鼓励学生大胆质疑、勇于探索，培养其独立思考、理性分析的习惯，提升问题解决能力。这种求真求实的科学精神和坚韧不拔的意志品质，正是心理健康的重要标志。在体育教学中，教师可以开展丰富多彩的体育游戏活动，锻炼学生的团队协作能力、沟通表达能力、自我调节能力等。在运动中，学生能够释放压力，化解焦虑，体验生命的律动，获得心理上的满足和愉悦。这些宝贵的能力和体验，将成为学生一生的精神财富。

从情感态度价值观维度来看，学科教学对学生心理健康的塑造具有潜移默化的影响力。在道德与法治教学中，教师可以引导学生树立正确的人生观、价值观和道德观，培养爱国主义情怀、社会主义核心价值观和法治意识。当学生将这些高尚情操内化为自身修养时，就能够以平和、豁达的心态看待生活中的得失，以仁爱、宽容的胸怀对待他人，保持积极向上的生活状态。在艺术教学中，教师可以引导学生欣赏美、创造美，陶冶情操，净化心灵。在艺术的熏陶下，学生能够提升审美情趣，感受生命的律动，体验心灵的震撼，获得情感的升华。这种高雅的艺术修养，是学生心理健康不可或缺的滋养。

（二）团队活动中的心理教育策略

从自我认识的角度来看，团队活动为学生提供了探索自我、发现自我的平台。在团队互动过程中，学生能够更加清晰地认识到自己的性格特点、兴趣爱

好、优势潜能，从而建立起积极、稳定的自我概念。同时，通过与他人的比较和反思，学生也能更加客观地审视自身的不足，萌发自我完善的意愿和动力。这种自我觉察能力的提升，有助于学生形成健全的人格，奠定健康心理发展的基础。

从人际交往的角度来看，团队活动为学生营造了锻炼社交技能的生动情境。在团队合作中，学生需要学会倾听他人意见，表达自己观点，处理成员间的分歧和冲突。这一过程不仅能够帮助学生掌握有效沟通的技巧，如换位思考、建设性反馈等，还能培养其换位思考、尊重差异的意识，学会在群体中求同存异、合作共赢。良好的人际交往能力不仅是学生心理健康的重要标志，更是其未来适应社会、实现自我价值的关键条件。

团队活动还能让学生体验到归属感和成就感，增强其自信心和抗挫折能力。当个人融入集体，为共同目标而努力时，就会产生强烈的归属感和责任感。而当团队凭借成员的智慧和汗水取得阶段性成果时，每个人都能分享成功的喜悦，获得发自内心的满足感。这些宝贵的情感体验能够极大地激发学生的自信心，也能让其在面对困难和挫折时保持乐观积极的态度，从容应对各种心理压力和情绪困扰。

团队活动的心理教育功能并非自发实现，它需要教育工作者的精心设计和有效引导。在组织团队活动时，教育工作者应充分考虑学生的年龄特点、认知水平和兴趣需求，因材施教、因活动制宜，既要体现趣味性和挑战性，又要兼顾目标性和针对性。同时，对于活动中出现的问题和矛盾，教师也要及时介入、循循善诱，引导学生正确对待、积极应对，将活动过程转化为宝贵的教育契机。只有不断优化团队活动的设计与实施，才能让其心理教育功能得到充分发挥，提升高校心理健康教育的针对性和有效性。

（三）学科与团队活动的协同效应

学科教学是心理教育的重要阵地。不同学科蕴含着丰富的心理健康教育资源，教师可以在传授专业知识的同时，有意识地融入心理健康教育元素。例如，在语文教学中，教师可以引导学生探讨文学作品中蕴含的人生哲理，感悟积极向上的人生态度；在历史教学中，教师可以带领学生分析历史人物的性格特点，学习他们为人处世的智慧。通过学科渗透，学生不仅能够掌握专业知识，更能在潜移默化中内化心理健康理念，提升心理调适能力。

团队活动则提供了心理教育的生动实践平台。参与各类社团、兴趣小组等团队活动，学生能够在与他人互动交流中提升人际交往能力，学会换位思考、尊重差异。同时，团队合作过程中难免会遇到分歧和矛盾，学生需要学会情绪管理，以积极的心态化解冲突。这些宝贵的情感体验，将成为学生心理成长的营养剂。此外，依托志愿服务、社会实践等活动开展心理健康教育，学生的同理心、责任感也能得到培养，激发其投身社会、奉献他人的内在动力。

学科教学与团队活动相互促进、相得益彰，为心理健康教育创设了良好氛围。一方面，学科教学为团队活动提供理论指导和实践方向。学生在学科学习中掌握的心理学知识，能够运用到社团组织、人际沟通、压力应对等实践场景中，使团队活动更加科学、规范。另一方面，团队活动为学科教学提供了生动素材和实践机会。学生在活动中积累的真实体验和鲜活案例，可以带回课堂，激发同学们探究心理学奥秘的兴趣，丰富教学内容，提升教学效果。

四、心理健康主题活动的组织与策划

（一）活动类型选择

1. 心理健康讲座

通过邀请心理学专家或者优秀教师，就学生关心的心理健康话题进行专题讲解，可以帮助学生掌握科学的心理健康知识，树立正确的心理健康观念。讲座内容应当紧密结合学生的生活实际，既有理论高度，又要贴近学生的认知水平。除了传统的讲授式讲座，还可以采用互动式讲座、案例式讲座等创新形式，激发学生的参与热情，增强讲座的吸引力和感染力。

2. 心理健康主题班会

辅导员或班主任可以根据学生的心理特点和成长需要，精心设计富有教育意义的主题班会，引导学生交流思想、分享体验，增强集体归属感和心理认同感。主题班会的内容可以涵盖自我认识、人际交往、情绪管理、学习方法等多个方面，形式可以包括主题演讲、小组讨论、角色扮演、游戏活动等，力求寓教于乐、润物无声。

3. 借助各种社团活动、志愿服务

例如，学校可以成立心理健康教育社团，定期组织心理健康知识竞赛、心理情景剧大赛、心理摄影展等活动，普及心理健康知识，营造关注心理健康的校园文化氛围。又如，学校可以组织学生参与心理健康教育志愿服务，到中小学校、社区开展心理健康宣传，在服务他人的过程中提升自身的心理素质和社会责任感。

4. 个别心理辅导、心理团体辅导、心理沙盘

这些活动形式较为专业，通常需要在专业心理咨询师的指导下进行。个别心理辅导能够帮助有心理困扰的学生疏导情绪、化解心结，促进其心理健康水平的提高。心理团体辅导能够营造互助支持的氛围，通过团体动力促进学生的心理成长。而心理沙盘等新颖的辅导形式，则能够为学生提供表达内心世界的独特方式，引导其自我探索、自我认识。

（二）活动流程设计

一个优秀的心理健康主题活动流程，应该包含启发思考、知识传授、情感体验、行为指导等多个环节。在启发思考阶段，可以通过设置悬念、抛出问题等方式，调动学生的好奇心和求知欲，引导其主动思考心理健康相关议题。这个环节的目的是激发学生的参与热情，为后续环节奠定基础。

在知识传授阶段，教师可以运用讲授、案例分析、视频播放等多种方式，向学生介绍心理健康的基本概念、常见问题及应对策略。这个环节要注重知识的系统性和科学性，同时兼顾趣味性和互动性，使学生在轻松愉悦的氛围中掌握心理健康知识。

情感体验是心理健康主题活动的重要组成部分。通过角色扮演、情景模拟、团体辅导等体验式活动，学生能够在亲身经历中加深对心理问题的理解，学会换位思考，提高情绪管理和人际交往能力。这个环节要善于捕捉学生的情感变化，适时给予引导和疏导，帮助其正确认识和表达自我。

在行为指导阶段，教师要引导学生将所学知识和情感体验转化为具体的行动。可以通过制订计划、行为练习、技能训练等方式，帮助学生形成健康的生活和学习习惯，掌握自我调适的方法，提高解决问题的能力。这个环节要强调知行合一，鼓励学生在日常生活中践行所学，不断强化心理健康意识和行为。

心理健康主题活动流程还应包括热身、总结、反馈等辅助环节。热身活动有助于营造轻松愉悦的氛围，活跃学生思维，增进师生互动；总结环节要对活动进行梳理和提炼，加深学生对核心内容的印象，引导其进行反思；而反馈环

节则可以通过问卷调查、心得分享等方式，了解学生的收获和感受，为后续活动的优化提供依据。

（三）活动资源配置

在人力资源配置方面，高校应组建一支专业化、多元化的心理健康教育工作团队。这支团队应包括专职心理健康教育教师、兼职心理咨询师、学生骨干等不同角色。专职教师负责活动的统筹规划和专业指导，兼职咨询师提供个性化的心理咨询服务，学生骨干则在活动组织和宣传动员等方面发挥重要作用。通过合理分工和密切配合，工作团队能够为活动的开展提供全方位的人力支持。

物力资源配置主要涉及活动场地、设施设备等硬件条件的保障。高校应根据活动类型和规模，提供符合要求的场地和设施。对于室内活动，可利用学校现有的心理咨询室、团体辅导室、报告厅等场所；对于室外活动，则需选择安全、舒适的运动场或广场。同时，还应配备音响、投影、桌椅等必要的设施设备，为活动的顺利实施创造良好的物质条件。

财力资源配置关乎活动经费的筹措和使用。高校应设立专项资金，用于支持心理健康主题活动的开展。这些经费可用于聘请校外专家、购买活动物资、宣传推广、奖品准备等各个环节。同时，还应加强经费使用的监督和管理，确保每一笔钱都用在刀刃上，切实提高资金使用效益。

第三章　中华优秀传统文化在高校心理教育中的价值

第一节　中华优秀传统文化在塑造健康人格中的价值

一、健康人格的内涵

（一）健康人格的定义

健康人格是一种理想的人格状态，意味着个体在生理、心理和社会适应等方面都处于良好状态，能够正确认识自我，积极应对生活，实现自身潜能。健康人格的形成是一个复杂的过程，受到生物遗传、家庭教养、学校教育、社会文化等多种因素的影响。

从内涵上看，健康人格具有以下几个主要特征。

第一，自我认识准确、全面。健康人格的个体能够客观地评价自己的优缺点，对自己的能力、兴趣、性格等有清晰的认识，形成稳定的自我概念。他们不会过高或过低地估计自己，而是在现实的基础上接纳真实的自我。

第二，情绪体验积极、稳定。拥有健康人格的人通常情绪愉悦，心境平和，能够对生活保持积极乐观的态度。他们能够有效调节情绪，面对挫折和压力时表现出较强的耐受性和适应能力，不易产生极端情绪反应。

第三，人际关系和谐、融洽。健康人格的个体善于沟通，乐于助人，能够建立和维系良好的人际关系。他们尊重他人，平等对待，在人际交往中表现出同理心和社会责任感，获得他人的信任和喜爱。

第四，目标追求积极、理性。健康人格的个体有明确的人生目标和价值追求，能够根据自身条件和社会需要来确定奋斗方向。他们通常有较强的成就动机，能够制订切实可行的计划，并付诸行动，在实现目标的过程中体验到成长和满足。

良好的家庭教养是健康人格发展的重要基础。家长以积极正面的态度对待生活，为孩子创造和谐温馨的成长环境，树立理想的人格典范，有利于孩子构建积极向上的人生观和价值观，形成开朗乐观、自信进取的性格品质。同时，家长民主平等的教养方式，尊重孩子的个体差异，满足其独立自主的需求，能够促进孩子健全人格的发展。

学校教育在塑造健康人格方面也发挥着关键作用。学校不仅传授知识技能，更重要的是引导学生形成正确的世界观、人生观和价值观，培养他们高尚的道德情操和文明礼貌的行为习惯。通过德育渗透、心理辅导、社会实践等多种途径，学校帮助学生认识自我、悦纳自我，学会与人合作、与己和谐，为其终身发展奠定良好的人格基础。特别是高校阶段，正是学生人格走向成熟、价值观日趋稳定的关键时期，更需要学校提供科学的人格塑造指导。

（二）健康人格的特征

具体来看，健康人格主要表现为以下几个方面的特征。

1. 自我意识明确

健康人格的个体对自我有清晰、客观的认知，能够正确认识和评价自己的能力、情绪、欲望等，在现实生活中树立合理的自我期望。他们内心坚定，拥有稳定的自尊和自信，不会因外界评价的波动而迷失自我。同时，这种自我意识又是开放的、成长的，能够在生活实践中不断深化对自我的理解。

2. 情绪体验积极

拥有健康人格的人对生活怀有积极乐观的情绪和态度。他们热爱生活，充满好奇心和进取心，能够从日常生活中获得快乐和满足。即使遇到困难和挫折，也能以平和的心态去应对，化悲观为乐观，化消极为积极。这种积极的情绪体验增强了个体的心理免疫力，是抵御各种心理问题和精神疾病的重要屏障。

3. 人际关系和谐

健康人格的个体善于沟通和交往，能够建立和维系良好的人际关系。他们尊重他人，平等友善地对待每一个人；善于倾听，能够设身处地地为他人着想；懂得感恩，对他人的帮助心存感激。在人际交往中，他们不仅享受与他人相处的乐趣，也愿意给予他人支持和关爱，形成了和谐共生、互利共赢的良性互动。

4. 行为习惯良好

健康人格在行为上表现出稳定的、符合社会规范的特点。他们遵纪守法，具有良好的道德修养，在生活和工作中保持自律、负责、诚实的品质。同时，他们的行为是内化于心的，是发自内心的自觉选择，而非出于外界压力的被动接受。这种良好的行为习惯塑造了个体高尚的人格力量，也为社会和谐稳定贡献了正能量。

5. 生活方式健康

健康人格的个体在衣、食、住、行等方面都培养了科学文明的生活方式。他们重视营养均衡，养成健康的饮食习惯；注重环境卫生，保持居住空间的整洁有序；喜爱体育锻炼，以积极的运动强健体魄；崇尚绿色出行，以低碳环保的方式参与社会活动。这种健康的生活方式不仅塑造了个体积极向上的精神风貌，也为家庭和社会的可持续发展做出了表率。

6. 认知模式理性

健康人格以理性、客观的认知模式看待世界、分析问题。他们倾向于从多角度、全方位地考量事物，在做出判断前充分收集和理解信息，而不是被主观臆断和片面认知所左右。这种理性的认知模式增强了他们解决问题的能力，使其在复杂多变的现实生活中保持清醒头脑和明智决策。

（三）健康人格的形成因素

心理学研究发现，早期的养育方式和依恋关系对健康人格的形成具有深远影响。婴幼儿时期是人格发展的关键期，父母的教养态度直接影响着孩子的情感体验和行为模式。如果孩子能够获得父母足够的爱和安全感，就更容易形成自信、乐观、亲社会等积极品质。反之，如果孩子长期处于被忽视、被拒绝的环境中，就可能出现自卑、多疑、攻击性等不良人格倾向。因此，良好的家庭教育是孩子人格健康发展的基石。

社会文化环境也会对个体人格产生潜移默化的影响。每个人都生活在特定的社会文化背景之中，无时无刻不在接受外部世界的熏陶和塑造。当一个人成长的环境充满爱与包容，鼓励个性张扬和自由表达时，他就更容易拥有开放、创新的人格特质。反之，如果一个人置身于压抑、专制的氛围中，时时处处受到约束和控制，就可能形成谨小慎微、缺乏自主性的性格。由此可见，营造民主、宽松的社会文化环境，对于个体健康人格的形成至关重要。

个人的主观能动性也是决定人格发展的关键因素。一个人的价值观念、处世态度都会影响其人格养成。如果一个人积极上进，勇于挑战自我，敢于承担责任，就更容易塑造出坚韧、进取的个性。反之，如果一个人消极悲观，遇事选择逃避，缺乏担当意识，就难以形成强大的内心和成熟的人格。可见，自我认知和自我管理能力的提升，是个体人格不断完善和优化的重要途径。

二、中华优秀传统文化对人格的塑造作用

（一）家庭观念与责任塑造

在家庭生活中，孝道被视为最基本的道德准则。“百善孝为先”的观念要求子女恪尽孝道，侍奉父母，承担起赡养责任。这不仅是个人修身的起点，更是一种无私奉献和责任担当的精神体现。通过践行孝道，个体能够培养出感恩、责任、奉献等优秀品质，进而将其外化于社会生活之中，成为有责任心、有担当的社会成员。

中国传统文化推崇“齐家”理念，强调家庭成员之间的和睦相处、分工合作。在家庭生活中，每个成员都有明确的角色定位和相应的责任义务。父慈子孝、夫妇和谐、手足友爱等伦理规范约束和规范着家庭秩序，使得家庭成为培养责任意识的沃土。个体在履行家庭角色、承担家庭责任的过程中，不断强化责任意识，锻炼担当能力。

家国一体的观念将家庭责任与国家命运紧密相连。“天下兴亡，匹夫有责”的家国情怀激励个体将视野放诸四海，胸怀天下，勇于承担社会责任和国家使命。正所谓“修身而后齐家，齐家而后治国，治国而后平天下”，个人只有先修身律己、尽好家庭责任，才能在更大范围内担负起社会责任和民族大义。

将中华优秀传统文化中的家庭观念融入高校心理教育，对于培养大学生的责任意识和担当精神具有重要价值。通过挖掘中华家庭文化中的责任伦理内涵，引导大学生正确认识个人、家庭、社会、国家之间的关系，激发其践行“修齐治平”人生理想的内在动力。同时，将中华家庭美德与当代家庭生活相结合，引导大学生在家庭生活中锤炼责任担当的意识和能力，进而培育其投身国家建设、服务社会发展的家国情怀。

（二）孝道理念与道德塑造

孝道理念强调子女对父母应尽的义务和责任，主张“身体发肤，受之父母”，要求子女孝敬父母、照顾父母。这一理念有助于培养大学生感恩意识和责任担当精神。通过开展孝亲敬老主题教育活动，引导大学生反思父母的养育之恩，树立报恩意识，学会感恩，懂得回馈。同时，孝道理念也强调子女要体谅父母、关心父母，这有利于提高大学生的同理心和关爱意识，使其学会换位思考，主动关注他人需求，提升人际交往能力。

孝道理念还蕴含着丰富的人生智慧，如“百善孝为先”“兄弟同心，其利断金”等，强调个人修养和家庭伦理的重要性。将这些理念渗透到心理教育中，能够帮助大学生树立正确的人生观和价值观，明白个人品德和家庭和睦的意义，激励其自觉加强修养，追求道德高尚。特别是在当今社会，大学生独生子女居多，自我意识较强，而孝道理念有助于引导他们摆脱自我中心主义，树立集体意识，增进对家庭和社会的认同感和归属感。

在具体实践中，高校可以将孝道理念与心理健康教育相结合，开展系列主题活动。比如，举办孝亲敬老演讲比赛，鼓励大学生分享孝道故事和感悟，加深对孝道内涵的理解；组织志愿者走进敬老院、福利院，陪伴孤寡老人，感受孝老爱亲的快乐，提升社会责任感；开展亲情日主题活动，引导大学生与父母沟通交流，表达感恩之情，增进亲子关系。通过这些活动，大学生能够在潜移默化中内化孝道理念，提升道德修养。

（三）礼仪道德与文化自信

礼仪是中华优秀传统文化的重要组成部分，它规定了人们在社会交往中应当遵循的行为准则和规范。传统礼仪强调“礼、义、廉、耻”，倡导个人修身、尊老爱幼、守信用、明礼节。这些美德不仅有助于塑造个人良好的品行，更是维系社会和谐稳定的重要保障。通过学习传统礼仪，大学生能够提升自身的道德修养，培养谦逊有礼、宽厚仁爱的处事态度，形成积极向上的人生观和价值观。

中华传统道德体系博大精深，儒、释、道等思想流派都对其形成和发展产生了深远影响。儒家思想强调“仁、义、礼、智、信”的道德准则，主张以德治国、以礼治民；佛教倡导慈悲为怀、普度众生，强调个人修行对社会的积极作用；道教则追求天人合一、崇尚自然，强调人与自然的和谐共生。这些传统道德理念虽然侧重点有所不同，但都体现了中华民族热爱和平、追求正义、恪守诚信的精神特质。大学生通过对传统道德思想的学习，能够继承和弘扬中华民族的优秀品质，坚定文化自信，增强民族凝聚力。

在当代社会，传统礼仪道德依然具有重要的现实意义。面对日益多元化的价值观念和复杂多变的社会环境，大学生更需要以传统美德作为修身立德的准绳，以礼仪规范作为为人处世的指引。通过对传统礼仪道德的反复学习和践行，大学生能够树立正确的世界观、人生观和价值观，提升道德素养和人格魅力。同时，在学习和传承传统文化的过程中，大学生也能够更加深刻地认识到中华文化的博大精深，增强文化认同感和民族自豪感。

弘扬传统礼仪道德也有助于提升国家的文化软实力，增强中华文化的国际影响力。优秀传统文化是一个国家、一个民族的精神财富和思想瑰宝，也是提升国家文化软实力的重要资源。通过教育引导大学生继承和弘扬传统美德，能够促进中华优秀传统文化的创造性转化和创新性发展，增强中华文化的生命力和影响力。这不仅有利于提升国家文化软实力，更能为人类文明进步贡献中国智慧和中国方案。

（四）创新精神与开放包容

创新精神和开放包容是中华优秀传统文化不可或缺的重要内容，对于培养当代大学生良好的心理品质具有重要意义。中华文明在长期发展演进中始终焕发着创新的勃勃生机，创造出辉煌灿烂的物质文明和精神文明成果。从科技发明到文学艺术，从哲学思想到生活方式，无不体现出我国古代先贤对创新的不懈追求。正是这种积极进取、敢为人先的精神，推动了中华文明生生不息、薪火相传。

中华优秀传统文化还蕴含着海纳百川、兼容并蓄的开放包容理念。在漫长的历史发展进程中，中华民族始终以开放的心态汲取外来文明的养分，在融合吸收中不断丰富发展自己。从佛教的传入到域外商旅的往来，从西学东渐到现代文明的互鉴，开放包容使中华文化更加多元丰富、生机盎然。

将创新精神和开放包容理念引入高校心理教育，对于塑造当代大学生积极向上的人格具有重要作用。创新精神能够激发大学生的好奇心和求知欲，鼓励他们突破思维定式，以批判性和创造性思维应对学习生活中的种种挑战。同时，创新精神还能帮助大学生树立远大理想，勇于开拓进取，以执着坚韧的品格追求人生价值的实现。

而开放包容的心理品质则有助于当代大学生形成广阔的国际视野和跨文化交流能力。在日益多元的现代社会，尊重差异、包容多样已成为不可或缺的宝贵品格。通过学习和践行中华优秀传统文化中的开放包容理念，大学生能够以更加宽广的胸襟看待世界，用欣赏和理解的态度对待不同文化背景下的他者，进而实现和谐共处、互利共赢。

创新精神和开放包容还能够促进大学生形成积极的人生态度和价值追求。创新精神蕴含着对真善美的不懈向往，对人的全面发展的执着追求。而开放包容则意味着尊重个体差异，接纳多元价值，努力实现自我与他人、个人与社会的和谐统一。将这些优秀品质内化于心，大学生就能以更加昂扬向上的精神面貌迎接人生的种种可能，在与世界的交互中实现自身全面发展。

三、中华优秀传统文化对人格发展的启迪作用

（一）传统文化中的自我修养

在中华优秀传统文化中，儒家思想对自我修养的阐释最为丰富和系统。儒家倡导“修身、齐家、治国、平天下”的人生理想，其中“修身”是根本。所谓“修身”，就是要通过道德实践来培养个人高尚的品德，达到“内圣外王”的至高境界。具体而言，修身包括诚信、正直、仁爱、谦逊、勤奋等品质的锻炼。

中华传统文化中的自我修养理念不仅为当代大学生提供了道德操守的基本准则，也为其人格培养提供了行之有效的途径。譬如，儒家推崇的“慎独”之术，要求即使在独处时也要时刻反躬自省，不放纵自己。这种自我觉察的方法，对于帮助大学生认识自我局限、克服心理弱点大有帮助。又如，儒、释、道三家都重视静坐修炼，认为通过打坐、内省等方式，可以净化心灵、提升境界。这种内修外炼的方法，对于缓解当代大学生的心理压力，培养乐观平和的性格具有积极作用。

当代大学生应该立足传统，博采众长，积极吸收中华优秀传统文化中的修身理念和方法。一方面，要继承儒家“修身齐家”的人生理想，将个人修养与家庭、社会责任紧密结合，树立正确的价值取向。另一方面，要借鉴道家和佛家“清静无为”的超然思想，在复杂多变的环境中坚守本心，追求精神自由。同时，还要善于运用传统文化中的内省、养心等方法，在日常生活中切实加强

自我修养，砥砺道德品质，完善人格塑造，以适应新时代对大学生综合素质的更高要求。唯有传承创新，博古通今，当代大学生才能在中华优秀传统文化的滋养下健康成长，在新的历史条件下焕发出勃勃生机。

（二）经典名著对人格发展的影响

从知识层面来看，经典名著为大学生提供了广博而深刻的人文积淀。这些著作或是历史的缩影，或是时代的印记，透过字里行间，我们能够了解不同时期的社会风貌、价值取向和思想脉络。例如，《史记》展现了上古至汉代的历史变迁，《资治通鉴》则记录了从周到五代的兴衰更迭。阅读这些史书，能够加深大学生对国家发展历程的认识，培养其历史使命感和责任意识。与此同时，经典名著还涵盖了哲学、文学、艺术等多个领域的精华，如先秦诸子百家的思想瑰宝、唐宋八大家的散文篇章、明清小说戏曲的经典之作等。通过阅读，大学生能够汲取传统文化的智慧养分，拓宽知识视野，提升人文素养。

从能力层面来看，研读经典名著有助于提升大学生的语言表达和逻辑思辨能力。许多经典著作文辞优美、言简意赅，堪称言语典范。例如，《论语》《孟子》《庄子》等典籍，语言凝练、含蓄隽永，读来令人回味无穷。而《红楼梦》《西游记》等名著，则笔酣墨饱、引人入胜，展现了高超的文学表现力。通过欣赏和品读，大学生能够领悟语言文字的精妙奥秘，提高自身的语言表达能力。同时，经典名著往往包含着作者深邃的哲学思考和人生感悟。阅读过程中，大学生需要深入分析作品的思想内涵，探究作者的创作意图，这无疑能够锻炼其逻辑推理和独立思考的能力。

从情感态度层面来看，经典名著蕴含着丰富的情感教育资源，有助于大学生形成积极向上的价值观念。许多名著塑造了一系列富有理想信念、崇尚仁义道德的文学形象，如《三国演义》中的关羽、《水浒传》里的鲁智深等，他们或重情重义，或悲天悯人，展现了传统美德的魅力。通过阅读，大学生能够感悟中华民族的优秀品质，树立正确的人生观和价值观。除此之外，一些经典作品还揭示了人性的复杂性和社会的多样性，引发读者对人生意义的深刻思考。例如，《红楼梦》通过众生百态的描摹，展现了人世间的悲欢离合；《儒林外史》则借讽刺的笔触，揭露了科举制度的弊端。阅读这些名著，能够帮助大学生正视人生的苦难与坎坷，以平和豁达的心态看待世事沧桑。

阅读经典名著还能培养大学生的审美情趣和艺术修养。许多名著不仅思想精深，而且文采斐然，堪称艺术之作。例如，诗经楚辞的浪漫多情，唐诗宋词的清丽婉约，元曲明清小说的曲折动人，无不给人以强烈的美的感受。通过鉴赏这些不朽篇章，大学生能够领略中华文学的独特魅力，提升自身的审美品位和艺术涵养。

（三）传统教育理念的启示

中国传统教育十分注重个体修身养性，强调通过自我反省和道德践履来完善人格，塑造高尚品德。这一理念启示我们，高校心理教育不能仅局限于知识的传授和技能的训练，更应关注学生的道德品质和人格养成。教育工作者应引导学生加强自我认知和道德修养，在生活实践中锤炼意志、陶冶情操，逐步形成正直、诚信、谦逊、仁爱等优良品质。唯有如此，学生才能在复杂多变的社会环境中把握自我，以积极向上的心态应对各种挑战。

中国传统教育十分重视因材施教，主张根据学生的个性特点和接受能力采取有针对性的教育方式。这一理念对于新时代高校心理教育工作具有重要借鉴意义。在实际工作中，教育者应充分尊重学生的个体差异，采取灵活多样的教育方法，因人而异地开展心理辅导和素质培育。对于心理素质较好、适应能力较强的学生，可以减少干预的频率和强度；对于心理问题较多、适应困难较大的学生，则应加大关注和引导的力度。唯有如此，才能最大限度地调动学生的内在潜能，帮助其健康成长。

中国传统教育十分强调身教重于言教，认为教育者自身的道德修养和人格魅力对学生具有潜移默化的影响。这一理念警醒着每一位高校心理教育工作者，要以身作则、率先垂范，用自己高尚的人格品质感染和教化学生。教师应自觉加强自身修养，严格要求自己，努力成为学生心目中值得信赖和尊敬的楷模。唯有如此，才能真正赢得学生的信任和敬重，教育工作才能取得实效。

中国传统教育还十分看重学校、家庭、社会三位一体的协同育人。这一理念启示我们，高校心理教育工作必须统筹兼顾、形成合力。一方面，学校应加强与家长的沟通，引导其树立科学的教养理念，营造良好的家庭教育氛围；另一方面，学校还应主动联系社区、企业等机构，整合各方资源，搭建育人平台。唯其如此，才能形成全员、全过程、全方位的育人格局，为学生的健康成长提供坚实保障。

第二节　中华优秀传统文化在塑造学生道德品质中的价值

一、中华优秀传统文化对道德观念的熏陶作用

（一）行为准则的建立

在日常行为中，大学生应自觉将“仁”的理念内化为行动准则，培养“己所不欲，勿施于人”的换位思考能力，时刻以同理心对待他人，在关爱自己的同时也要善待他人，进而提升社会责任感和公德意识。

中华优秀传统文化还特别强调“礼”的约束作用。“不学礼，无以立。”礼仪不仅是个人修养的体现，更是维系社会秩序的重要手段。在礼的熏陶下，大学生能够更好地遵守学校规章制度，恪守学术道德，增强法治观念。同时，传统礼仪中蕴含的尊师重道、守信用、知荣辱等品质，也是当代大学生必备的基本素养。高校应充分利用中华优秀传统文化资源，通过开设国学讲座、经典诵读等多种形式，引导学生传承和弘扬中华民族的优秀道德传统，将礼的要求内化为自觉行动，成为道德高尚、举止文明的现代公民。

诚信作为中华民族的传统美德，是社会赖以生存和发展的道德基础。“人而无信，不知其可也。”大学生作为国家未来的栋梁之材，更应将诚信作为立身之本。在学习和生活中，大学生要严于律己，对人诚实，勇于担当，言行一致。无论是完成学业任务、参与志愿服务，还是从事学术研究、就业创业，都应恪守诚信原则，树立良好的个人信用和社会形象。高校可以充分利用班会、主题教育等时机，深入剖析我国古代关于诚信的名言警句和历史故事，引导学生深刻认识诚信的重要价值，自觉将诚信落实到学习生活的方方面面。

中华传统美德中的仁爱精神、礼仪规范、诚信品格等，对于引导大学生树立正确的世界观、人生观和价值观，形成良好的道德品质和行为习惯具有重要作用。高校应充分认识和发掘中华优秀道德传统的时代价值，通过课程教学、实践活动等多种途径，引导学生传承和弘扬中华民族的道德精华，内化为行为准则和价值追求，促进自身全面发展的同时更好地服务社会、报效国家。只有立足中华优秀传统文化，以社会主义核心价值观为引领，才能培养出具有高尚

道德情操和社会责任感的时代新人，为实现中华民族伟大复兴的中国梦注入强大精神动力。

（二）自律精神的养成

首先，自律意味着要树立明确的人生目标，制订切实可行的学习和生活计划，并坚持不懈地付诸行动。这需要学生克服惰性，战胜诱惑，始终保持专注和毅力。其次，自律还要求学生在日常生活中严格要求自己，养成良好的生活习惯，合理安排时间，做到学习生活有序、身心健康。再次，自律的大学生应当具备高度的责任心，对自己的言行负责，对他人和社会负责，树立正确的是非观念。

因此，高校在开展心理健康教育时，要注重挖掘中华优秀传统文化中蕴含的自律思想，引导学生树立自尊自律的价值观。一方面，可以通过开设国学课程、举办传统文化讲座等形式，让学生了解中华文化中的修身理念，领悟自律对于个人成长的重要性。另一方面，要在日常教育教学中渗透自律教育，引导学生制订合理的学习计划，培养严谨的学风，养成自觉遵守校规校纪的习惯。同时，还要加强师德师风建设，让教师以身作则，用自己的言行影响和感染学生，帮助他们形成自律意识。

（三）公共意识的增强

中华优秀传统文化蕴含着丰富的公共意识教育资源，对于增强当代大学生的公共意识具有重要价值。传统文化中的许多思想理念，如“天下为公”“大道之行，天下为公”等，都强调个人应当把个人利益服从于国家和社会公共利益，体现了中华民族崇高的公共精神。这些思想对于帮助大学生树立正确的公共意识，克服自私自利、损公肥私的错误观念，具有重要的教育意义。

中华优秀传统文化还特别强调个人对社会的责任和义务。“修身、齐家、治国、平天下”的儒家思想，要求个人应当通过自身修养，将个人发展与家庭、国家、天下的命运紧密相连。这一思想有助于引导大学生增强社会责任感，自觉地履行公民义务，积极参与社会公共事务。在具体的社会实践中，中华优秀传统文化中的诸多道德规范，如“礼让”“孝悌”“仁爱”“诚信”等，也都蕴含着丰富的公共道德内涵。这些道德观念有助于规范大学生在公共场合的行为，提高其道德修养和公德意识。

中华优秀传统文化所倡导的“和而不同”“协和万邦”等理念，对于培养大学生的开放包容精神，增进不同群体之间的沟通理解，也具有重要的教育价值。在日益多元化的现代社会，大学生只有以包容开放的心态看待不同文化和观点，才能更好地参与公共生活，促进社会的和谐发展。

在挖掘和利用传统文化资源进行公共意识教育时，必须坚持古为今用、推陈出新的原则。一方面，要甄别传统文化中与现代文明相违背的消极因素，如“重义轻利”“重农抑商”等观念，避免其对当代大学生产生误导；另一方面，要结合新时代背景和大学生思想实际，创新教育内容和方式，增强传统文化的吸引力和感染力。只有在继承和创新中实现传统文化的现代转化，才能充分发挥其育人功能，为大学生的健康成长提供文化滋养。

二、中华优秀传统文化对学生行为规范的影响

（一）传统礼仪的规范作用

从个人层面来看，传统礼仪有助于大学生养成谦逊、谨慎、恭敬的处世态度。在日常交往中，懂得向他人问好、道谢、道歉等，体现出对他人的尊重；在待人接物时，能够做到温文尔雅、彬彬有礼，赢得他人的好感和信任；在面对困难和挫折时，能够保持冷静和克制，化解矛盾，维护和谐。传统礼仪中蕴含的这些人际交往的智慧，对于当代大学生塑造健全人格、构建和谐人际关系具有重要启示意义。

从群体层面来看，传统礼仪是维系社会秩序、促进社会和谐的重要纽带。礼仪不仅规范了个人行为，也调节着人与人之间、个人与群体之间的关系。在校园生活中，大学生能够自觉遵守课堂礼仪，尊师重教，与同学友好相处，营造良好的学习氛围；在社会实践中，大学生能够恪守公共秩序，文明礼让，爱护公共设施，展现当代大学生的责任担当。作为新时代的社会中坚力量，大学生更应将传统礼仪内化于心、外化于行，以实际行动推动社会主义精神文明建设。

从文化传承的角度来看，大学生肩负着继承和发扬中华优秀传统文化的重任。作为几千年礼仪文明的结晶，传统礼仪不仅蕴含着丰富的道德规范，更体现了中华民族的人文精神和价值追求。通过学习和践行传统礼仪，大学生能够更好地认识和理解中华文化的博大精深，增强文化自信和民族自豪感。同时，

大学生还应积极探索传统礼仪与现代文明的融合之道，在继承传统的基础上，不断赋予其新的时代内涵，使传统礼仪在新的历史条件下焕发出勃勃生机。

培养大学生的传统礼仪，需要学校、家庭、社会多方联动、协同发力。学校应将礼仪教育纳入人才培养体系，开设礼仪课程，营造良好的校园礼仪文化氛围；家庭应发挥言传身教的作用，帮助学生养成良好的礼仪习惯；社会各界也应积极营造崇尚礼仪的环境，为大学生提供更多践行礼仪的机会。只有形成全社会共同参与的礼仪教育合力，才能真正将传统礼仪内化为大学生的行为准则和价值追求。

（二）诚信教育的行为导向

诚信是中华民族的传统美德，是社会主义核心价值观的重要内容。诚信文化蕴含着丰富的道德内涵和深刻的人文精神，对于个人品行的塑造和社会风尚的培育都具有重要作用。在高校心理教育工作中，应该充分挖掘和利用诚信文化的道德教化功能，帮助学生树立诚信意识，将诚信内化为自觉遵循的行为准则。

高校可以通过开设专门的诚信教育课程，系统讲授诚信的内涵、重要性以及在个人发展和社会生活中的作用，帮助学生深刻认识诚信的价值。同时，教师应注重将诚信教育与专业学习相结合，在教学过程中渗透诚信理念，引导学生在专业领域中坚持学术诚信，杜绝抄袭、造假等失信行为。

高校应营造诚信校园文化氛围，通过各种形式的校园文化活动，如诚信主题班会、演讲比赛、征文竞赛等，引导学生在潜移默化中接受诚信文化的熏陶，自觉将诚信内化为行为习惯。同时，学校应建立健全诚信考核和监督机制，对学生的诚信表现进行考核评价，对诚信典型进行表彰奖励，对失信行为予以必要惩戒，形成良好的诚信激励氛围。

心理教育工作者应注重发挥朋辈教育和榜样示范的作用。一方面，可以选拔和培养一批诚信意识强、表现突出的学生担任诚信宣传员，通过朋辈交流和互动，帮助更多学生认识诚信的重要性。另一方面，教师应挖掘各行各业的诚信典型，尤其是杰出校友的先进事迹，用鲜活的案例教育和激励学生，引导其向榜样看齐，主动践行诚信理念。

诚信教育还应注重家校合作，形成教育合力。学校应主动与家长沟通，引导家长在日常生活中发挥言传身教的作用，帮助学生养成诚实守信的良好习惯。同时，学校可以定期举办家长会、家访等活动，加强与家长的沟通和协作，共同营造诚信教育的良好氛围。

（三）勤俭节约的行为养成

勤俭节约教育要从学生日常生活的点点滴滴抓起。学校可以通过开展节约型寝室、节约型班级等评选活动，营造崇尚勤俭节约的良好氛围。同时，学校还要加强对学生日常行为的管理和引导，制定相应的规章制度，约束学生的不良消费行为。例如，学校食堂可以推行“光盘行动”，鼓励学生按需取食，避免浪费；宿舍管理可以对学生使用电器、水资源等进行必要的限制和监督，培养其节约意识。

学校还应开展形式多样的勤俭节约主题教育活动。通过举办专题讲座、知识竞赛、社会实践等活动，帮助学生深入理解勤俭节约的内涵和意义，掌握科学合理的消费方法。学校可以邀请优秀校友或社会知名人士分享他们的成长经历，讲述勤俭节约的价值和益处，激发学生的思考和共鸣。同时，学校还可以组织学生走进社区、福利院等，开展志愿服务活动，培养学生乐于奉献、关爱他人的高尚情操。

勤俭节约教育不仅要着眼于行为层面，更要注重学生价值观念的塑造。教师要在日常教学中渗透勤俭节约理念，引导学生正确认识金钱和物质，树立健康的人生观和消费观。通过分析社会现象、解读经典案例，帮助学生辨别正确的消费行为，抵制拜金主义、享乐主义的影响。同时，教师还要以身作则，言传身教，用自己的模范行为影响和感染学生，引导其树立勤俭节约的价值追求。

建立长效机制是推进勤俭节约教育的重要保障。学校要将勤俭节约教育纳入学生管理和教育的整体规划，建立健全相关工作机制，明确职责分工，加强条块协作，形成教育合力。学校还要建立科学的评价体系，将勤俭节约纳入学生综合素质评价和奖助学金评定的重要指标，引导学生自觉培养和践行勤俭节约美德。

（四）尊师重道的行为规范

1. 学生要尊重教师的人格和权威

作为传道授业解惑的引路人，教师在知识、阅历、品行等方面都具有较高的造诣，值得学生尊重和信任。学生应该以谦逊的态度对待教师，主动向教师请教，虚心接受教师的指导和批评。即使在与教师观点存在分歧时，学生也应该以平和、理性的方式表达自己的看法，而不是轻慢、挑衅或诋毁教师。只有怀着尊重之心与教师交流，才能真正领会教师言传身教的精髓，获得知识和智慧。

2. 学生要感恩教师的付出和奉献

教书育人是一项艰辛而神圣的事业，教师为了学生的成长倾注了大量心血。学生应该怀着感恩之心，珍惜教师的辛勤劳动，主动关心教师的工作和生活，在力所能及的范围内为教师排忧解难。同时，学生还应该以优异的学习成绩和良好的品行回报教师，让教师感受到教书育人的成就感和满足感。唯有怀着感恩之心回馈师恩，才能形成师生之间相互信任、相互支持的和谐关系。

3. 学生要践行教师传授的“道”

所谓“道”，不仅指知识技能，更指做人做事的道理和境界。教师传授知识的同时，也在潜移默化中影响着学生的价值取向和人格塑造。学生应该虚心向教师学习，领会教师言传身教中蕴含的人生智慧，并身体力行，将其内化为自己的行为准则和品格特征。唯有将知识转化为智慧，将教诲内化于心，才能真正继承和弘扬中华文化的精髓。

在具体教育实践中，高校可以通过多种途径和方式培养学生尊师重道的意识和习惯。例如，学校可以开展尊师重教主题教育活动，邀请优秀教师代表与学生交流，分享执教育人的心得体会，引导学生正确认识教师的付出和贡献。学校还可以完善师德师风建设，加强对教师的培训和考核，提升教师的职业素养和人格魅力，使其成为学生心目中值得尊重和学习的楷模。此外，学校还应该构建良性的师生互动机制，鼓励师生之间平等、开放的交流，化解师生矛盾，增进师生情感。

三、中华优秀传统文化对学生社会责任感的培养作用

（一）道德观念的形成

在传统文化中，道德观念的形成是一个潜移默化的过程。个体自幼就在家庭、学校、社会等环境中接受道德教育，逐步内化为自身的价值取向和行为准

则。这种道德教化虽然看似随意和不成体系，却对个人品格的塑造产生了深远影响。

进入高校后，大学生面临着更为复杂的社会环境和多元的价值观念，传统的道德认知难免产生动摇。因此，高校必须承担起引导学生形成正确道德观的重任。与单纯的说教式道德教育不同，中华优秀传统文化为大学生道德建设提供了丰厚的精神养料。

传统文化中蕴含的“仁、义、礼、智、信”等道德范畴，体现了中华民族对个体道德修养的基本要求。“仁”强调以爱人之心为人处世，“义”强调舍生取义、见义勇为的精神，“礼”彰显了尊老爱幼、谦恭有礼的传统美德，“智”要求运用智慧明辨是非善恶，“信”则诠释了诚实守信的可贵品质。这些道德范畴相辅相成，构成了中华传统道德体系的核心内容。

高校在德育教育中融入这些传统美德，有助于学生形成完善的道德人格。通过学习和感悟传统文化，学生能够领会到中华民族特有的人文精神和价值追求，从而坚定文化自信，树立民族自豪感。同时，优秀传统文化所倡导的道德品质如勤勉刻苦、尊师重教、诚实守信等，也与当代大学生成长成才密切相关。践行这些美德，不仅能够提升个人道德境界，更能够促进学业进步，为未来走向社会打下良好的品德基础。

中华优秀传统文化还为大学生树立正确的世界观、人生观和价值观提供了重要启示。譬如“天人合一”的宇宙观念，引导学生将个人发展置于人与自然和谐共生的大背景之下，崇尚节约环保、绿色低碳的生活方式；“修身齐家治国平天下”的人生追求，激励学生胸怀家国情怀，勇于担当社会责任；“富贵不能淫、贫贱不能移、威武不能屈”的浩然正气，则为学生矢志不渝追求真理、坚守道德操守树立了光辉典范。

高校在德育教育中挖掘和弘扬这些思想精华，对于学生价值观念的升华具有重要意义。通过对中华优秀传统文化的学习和感悟，大学生能够从单纯关注自身利益，上升到关注集体利益、国家利益、人类利益的更高层次，形成正确的是非曲直观和公平正义感，树立起积极进取、奋发有为的人生态度。

（二）传统文化的行为指导

传统礼仪是中华民族几千年来在社会交往中形成的行为规范和准则。它不仅体现在日常生活的方方面面，更渗透到个人修养和人际交往中。在传统文化的熏陶下，学生能够学习和掌握基本的礼仪知识，如何言谈举止、待人接物，懂得尊重他人、谦逊有礼，这些都有助于学生形成文明、得体的行为习惯。同时，传统礼仪还强调个人修养与社会责任的统一，要求学生在追求个人发展的同时，要兼顾他人利益和社会公德，这对于培养学生的社会责任感和公民意识具有重要意义。

诚信是中华民族的传统美德，在传统文化中占据着至高无上的地位。“人而无信，不知其可也”，这一观念深深植根于中华民族的意识之中。通过诚信教育，学生能够认识到诚实守信的重要性，养成诚实、守信、履行承诺的良好品质。在日常生活和学习中，诚信的学生往往表现出较强的自律意识和责任心，无论是完成作业还是遵守校规校纪，都能够以诚信为本、言行一致。这种诚信品质不仅有助于学生树立良好的个人形象，更为其未来走向社会、服务社会奠定了基础。

勤俭节约是中华民族的优良传统，历来受到推崇备至。在当今社会，培养学生的勤俭节约意识和习惯显得尤为重要。受传统文化的影响，勤俭节约的学生往往能够合理安排时间，珍惜宝贵的学习机会，刻苦学习、勤奋钻研；同时也能够节约资源，反对铺张浪费，在日常生活中做到俭朴、环保、可持续。这种勤俭节约的生活态度和行为习惯，不仅有利于学生个人的全面发展，更具有社会价值意义，是构建节约型社会的重要基础。

尊师重道是中华优秀传统文化对师生关系的基本要求，体现了对教育和知识的崇高敬意。在中国历史上，师道尊严备受推崇，教师享有崇高的地位。“一日为师，终身为父”，这种尊师重道的观念深深影响着一代又一代学生。受中华优秀传统文化熏陶的学生，往往能够端正学习态度，尊重教师、虚心求教；同时也懂得感恩教师的辛勤付出，以勤勉学习、全面发展来回报师恩。而对于教师而言，尊师重道的校园环境也有利于教书育人，潜心教学和科研，形成相互促进、共同进步的良性师生关系。

（三）传统文化的责任教育

中华优秀传统文化强调个人对家庭、国家、社会的责任。“修身、齐家、治国、平天下”的儒家思想，要求个人在不断完善自我道德修养的同时，担负起对家庭、国家、社会的责任。“先天下之忧而忧，后天下之乐而乐”的士大夫情怀，体现了知识分子勇于担当社会责任的高尚品格。这些思想观念有助于引导当代大学生正确认识自身与家庭、国家、社会的关系，自觉将个人发展与家国命运紧密联系，积极投身社会实践，用实际行动回馈社会。

中华优秀传统文化倡导以天下为己任的博大胸怀。“老吾老以及人之老，幼吾幼以及人之幼”的孟子思想，强调将个人的关爱之心推及他人，关心整个社会的福祉。“凡益之所利，凡损之所害，皆已与之”的墨家兼爱理念，要求个人在追求自身利益时兼顾他人和社会的利益。这些思想能够帮助当代大学生跳出自我中心主义的狭隘视野，树立“我为人人，人人为我”的集体主义意识，自觉地将个人利益与他人利益、社会利益统一起来，共同推进社会的进步与发展。

中华优秀传统文化推崇舍生取义的价值取向。“富贵不能淫，贫贱不能移，威武不能屈”的孔子思想，彰显了坚守道德信念、摒弃功利诉求的高尚人格。“杀身成仁，舍生取义”的儒家伦理，体现了为了社会正义不惜牺牲个人生命的无畏精神。这些思想能够教育当代大学生正确对待个人得失，在关键时刻勇于为国家和人民利益舍弃个人私利，彰显知识分子的社会责任感和使命担当。

中华优秀传统文化注重内圣外王的人格培养。《大学》提出“修身、齐家、治国、平天下”的人格理想，强调在修身养性的基础上实现个人价值和社会价值的统一。《中庸》提出“内圣外王”的理想人格，要求个人在提升自身道德修养的同时积极参与社会实践。这些人格培养理念对于帮助当代大学生树立积极进取、奋发有为的人生态度，敢于肩负时代赋予的责任和使命具有重要意义。

第三节　中华优秀传统文化在培养学生创新能力中的价值

一、中华优秀传统文化对创造力的激发作用

（一）鼓励探索与思考

引导学生继承和弘扬中华优秀传统文化中的探索精神和批判精神，对于培养其创新意识具有重要意义。教育工作者应积极挖掘中华文化中蕴含的创新思想和创新案例，如墨子的“兼爱”思想、王充的“独立善思”等，引导学生体悟先贤们敢于打破成规、勇于开拓创新的思想品格。与此同时，教师还应鼓励学生在学习过程中保持好奇心和求知欲，勇于提出疑问，敢于挑战权威，养成独立思考的习惯。只有让学生沐浴在中华优秀传统文化的熏陶中，让创新精神融入他们的血脉，才能真正点燃其创新的热情，培育其生生不息的创造力。

中华优秀传统文化所倡导的探索精神和批判精神，是创新教育的重要文化基因。教育工作者要充分发掘和利用这一宝贵的思想资源，在教学实践中广泛传播和弘扬这些优秀文化因子，激发学生的创新意识，引领其走上创新发展之路。同时，我们还应努力营造鼓励创新、宽容失败的校园文化氛围，搭建多样化的创新实践平台，为学生创新能力的培养提供制度保障和物质支撑。只有将中华优秀传统文化的创新基因与现代教育理念和实践有机结合，才能真正培养出一大批具有家国情怀、勇于开拓的创新型人才，为实现中华民族伟大复兴提供源源不断的智慧和动力。

（二）提供独特的哲学观念和价值观念

中华优秀传统文化所蕴含的丰富哲学观念和价值观念，为培养大学生创新意识和创新能力提供了重要的思想资源和精神动力。在中国传统哲学中，道家思想强调“道法自然”，主张顺应事物发展的客观规律，崇尚创造；儒家思想讲求“革故鼎新”，主张在继承传统的基础上推陈出新，不断创新。这些思想观念蕴含着丰富的辩证法智慧，有助于培养大学生敢于突破常规、勇于开拓创新的意识和品格。

中华优秀传统文化中的人生价值追求，如“天行健，君子以自强不息”的进取精神，“穷则独善其身，达则兼济天下”的社会担当，也能激发大学生投身创新实践的动力和热情。通过对传统哲学思想的学习和领悟，大学生能够树立积极向上的人生态度，培养不甘人后、敢为人先的进取意识，激发内在的创造潜能。

中华优秀传统文化还特别强调“格物致知”“知行合一”的学习理念。“格物致知”要求学习者在掌握知识的同时，深入探究事物的本质和规律，这有利于训练大学生独立思考、勇于质疑的能力，是创新意识培养的基础。而“知行合一”强调将所学知识付诸实践，在实践中不断总结、创新，这为大学生参与创新实践活动提供了行动指南。

中华优秀传统文化还蕴含着许多具有创造性的思维方式，如类比思维、发散思维等。许多典故，如“柳暗花明又一村”“孟母三迁”等，都蕴含着跳出思维定式、另辟蹊径的智慧。这些思维方式有助于开阔大学生视野，培养灵活、多元的创新思维，提升创新能力。

（三）激发审美情趣与创作力

以诗词教学为例，诗词作为中国传统文学的瑰宝，语言精练，意境优美，充满了作者的情感体验和人生感悟。引导学生吟诵、品味古典诗词，能够使其沉浸在优美的意境中，感受诗人的喜怒哀乐，体会言语背后的人文内涵。同时，创作诗词也是学生抒发情感、表达心志的重要方式。在创作过程中，学生需要精选意象，锤炼语言，在反复思索、推敲中提炼情感，形成意境。这一过程不仅能够陶冶学生的语言表达能力，更能引导其用审美的眼光认识世界、认识自我，从而获得心灵的净化和升华。

书法和国画同样是中华优秀传统艺术的重要组成部分，对于提升学生的审美情趣和创作力具有重要价值。书法讲究字形结构、笔画线条的和谐美感，要求学生在执笔、运腕、用力等方面达到心手合一、刚柔相济的艺术境界。国画则注重线条、色彩的运用，强调画面意境的营造。学习书法和国画，学生需要在不断临摹、创作中体会传统艺术的精髓，领悟其中蕴含的美学理念和哲学思想。在这一过程中，学生的审美情趣必将得到升华，创新意识和表现力也会获得提升。

戏曲、曲艺等传统艺术形式同样有利于激发学生的审美情趣和创作力。戏曲以唱、念、做、打相结合，形成了独特的艺术表现方式。欣赏戏曲表演，学生能够感受到传统艺术的魅力，领略中华文化的博大精深。参与戏曲、曲艺的创编和表演，更能激发学生的创造性思维，提升其表现力和想象力。

二、中华优秀传统文化对思维方式的影响

（一）辩证思维的培养

在中华优秀传统文化中，《易经》可谓辩证思维的集大成者。《易经》以阴阳为基础，以变化为宗旨，揭示了事物发展变化的普遍规律。“一阴一阳之谓道”“阴阳不测之谓神”等理念，深刻阐明了对立统一规律在自然界和人类社会的普遍存在。学习《易经》蕴含的辩证思想，有助于学生掌握分析问题的基本方法，培养其辩证分析、综合判断的能力。

老子的《道德经》同样蕴含着丰富的辩证思维智慧。老子指出“祸兮福之所倚，福兮祸之所伏”，揭示了祸福相依、物极必反的辩证规律。“有无相生，难易相成，长短相形，高下相盈”等论断，则阐明了事物对立面的同一性和可转化性。学习道家的辩证思想，有助于学生用联系的、发展的眼光分析问题，提高辩证思维能力。

儒家思想同样重视辩证思维的培养。孔子主张“博学而笃志，切问而近思”，强调要广泛学习，又要专一致志，在学习过程中勤于思考、善于质疑。这种重视学思结合、注重独立思考的学习态度，正是创新意识的体现。孟子提出“以意逆志”的论学方法，主张通过主动思考去领会圣贤的心志，体现了能动性和创造性。荀子的“化性起伪”说，则揭示了主客观辩证关系，彰显了人的能动性和社会实践的重要性。儒家的这些思想，无疑为学生创新能力培养提供了重要启示。

中华优秀传统文化中的辩证思维，还体现在对具体问题的分析上。例如，《孙子兵法》所言“知彼知己，百战不殆”，强调要全面考察己方和对方的情况，审时度势，制定策略。又如，司马迁在《史记》中评价项羽“胜之不武，败之不馁”，既指出其胜利时有骄傲轻敌的毛病，也肯定其失败后不气馁的进取精神。这些运用辩证思维分析问题的范例，对于学生养成全面思考的习惯大有裨益。

（二）创新思维的激发

中华优秀传统文化崇尚“天人合一”的宇宙观，强调人与自然的和谐统一。这种哲学理念有利于培养学生全局思维和系统思维，引导其从整体和联系的视角认识事物，洞察问题的本质。同时，中华优秀传统文化还提倡“刚健有为”的进取精神，鼓励个体突破陈规、勇于创新。这种价值导向能够激发学生的好奇心和探究欲，培养其敢于质疑、勇于尝试的创新意识。

中华优秀传统文化还强调“知行合一”，重视将知识付诸实践，在实践中不断探索、创新。这种理念引导学生树立正确的创新观，即创新不是纸上谈兵，而是需要脚踏实地的努力和坚持。通过鼓励学生在学习和生活中勤于实践，中华优秀传统文化能够帮助其掌握创新的基本方法，提升创新实践能力。

中华优秀传统文化还提供了丰富的创新思维方法和策略。例如，《周易》所倡导的“穷则变，变则通，通则久”的思想，启示我们要敢于突破思维局限，灵活变通；《孙子兵法》所强调的“知彼知己，百战不殆”的智慧，指引我们全面分析问题，审时度势，制定创新策略；《墨经》所阐述的“兼相爱”理念，引导我们倾听不同观点，汲取多方智慧，激发创新灵感。这些思想方法对于拓宽学生思维空间，提升其创新思维能力大有裨益。

中华优秀传统文化不仅为个体创新提供思想资源和方法指导，更重要的是其蕴含的人文精神和价值追求。中华优秀传统文化推崇“己所不欲，勿施于人”

的处世哲学，倡导“先天下之忧而忧，后天下之乐而乐”的入世情怀，强调个体的社会责任和担当精神。这些思想引领学生树立正确的创新动机，激励其立足社会需求进行创新，以创新成果造福他人、回馈社会。由此，中华优秀传统文化能够帮助学生厘清创新的价值旨归，使其创新思维始终沿着正确的方向前行。

（三）系统思维的形成

中华优秀传统文化历来强调“天人合一”的哲学理念，认为人与自然、人与社会是一个有机联系的整体，彼此之间相互依存、相互影响。这种整体观念深刻体现了系统思维的精髓。在传统文化的熏陶下，学生能够更加全面地认识事物，理解事物之间的内在联系，培养起高屋建瓴的大局意识和全局观念。

中医学是中华优秀传统文化的瑰宝，它以“辨证论治”为核心理念，强调用整体、动态、辩证的眼光来审视人体这一复杂系统。中医认为，人体各个脏腑、经络之间相互联系、相互制约，疾病的产生往往不是单一因素所致，而是内外环境失衡的结果。这种系统思维方式对于培养学生分析问题和解决问题的能力大有裨益。通过学习中医的基本理论和诊疗方法，学生能够掌握从整体出发、标本兼治的思维方式，提高应对复杂问题的能力。

中华优秀传统哲学博大精深，儒、道、墨、法等各家学说无不体现着系统思维的智慧。以儒家为例，孔子提出的“仁”的思想，强调个人修养与社会责任的统一，体现了个人与社会这一系统的有机联系。孟子提出的“民贵君轻”观点，则从整体上把握君臣关系，揭示了政治体系的运行规律。通过学习传统哲学的精华，学生能够更好地领悟古人的智慧，学会从多角度、多层面思考问题，提升系统思维能力。

中华传统文化还特别注重发展性思维、辩证思维的培养。《易经》作为中华文化的源头之一，蕴含着变化发展的辩证法思想。“易”本身就意味着变易不居，揭示了事物发展变化的普遍规律。通过研习《周易》等经典著作，学生能够深刻领会事物发展的客观规律，掌握用发展变化的眼光分析问题的方法，从而培养起辩证思维和发展性思维的能力。

中华优秀传统文化还提倡“温故知新”“博采众长”的学习态度。这种开放包容的文化心态有利于学生打破思维定式，学会从不同视角、不同层面审视问题，激发创新灵感。同时，传统文化特别强调学以致用，注重培养学生运用所学知识解决实际问题的能力。这对于提升学生的系统实践能力，增强其社会适应力具有重要意义。

（四）批判性思维的提升

1. 中华优秀传统文化注重辩证思维，强调对事物的全面认识

儒家经典《论语》有言："视其所以，观其所由，察其所安。"意在说明观察问题要透过现象看本质，考察事物的来龙去脉，洞悉其内在规律。这种透过现象看本质的思维方式，正是批判性思维所倡导的。在教学中引导学生用辩证的眼光分析问题，能够帮助其突破表象的局限，深入探究事物的内在联系，提升批判性思维能力。

2. 中华优秀传统文化尊重个体的独立思考

《论语》中有"独学而无友，则孤陋而寡闻"的警示，意在强调与他人切磋交流的重要性。但同时，孔子也认为"三人行，必有我师"，即使在与他人交流时，也要保持独立思考的品质，善于从不同观点中汲取真知灼见。在当前信息泛滥的时代，保持独立思考尤为重要。教师应鼓励学生"不盲从、不人云亦云"，勇于提出自己的见解，敢于质疑权威，这对培养其批判性思维至关重要。

3. 中华优秀传统文化推崇形而上的理性思辨

老子《道德经》开宗明义提出"道可道，非常道"，体现了老子对语言概念局限性的深刻认识。庄子则通过寓言故事，揭示了人们认知的相对性和多元性。这种超越具体事物，上升到哲学高度的思辨精神，正是批判性思维的精髓所在。在教学中引导学生从具体问题出发，上升到理论高度，进行深入的概念分析和逻辑论证，能够有效锻炼其批判性思维能力。

4. 中华优秀传统文化崇尚兼容并包、海纳百川

《礼记》中提出"礼不虚贵，故以贱进贵；不虚博，故以少进多"。这种博采众长的文化理念，与批判性思维的开放态度高度契合。在多元文化交融的当下，引导学生以开放、兼容的心态看待不同观点，不断吸收有益成分，对其批判性思维的培养具有积极意义。

三、中华优秀传统文化对创新意识的培养作用

（一）提倡独立思考和批判性思维

中华优秀传统文化蕴含着丰富的教育智慧，强调独立思考和批判性思维的培养，对于促进学生创新意识和创新能力的发展具有重要价值。在传统文化中，有的思想特别重视独立思考和自主判断的能力。这种强调独立思考的教育理念，有利于培养学生勇于质疑、敢于创新的品格。

中华优秀传统文化也十分重视批判性思维的培养。鼓励学生进行批判性思考的教育方式，有助于培养学生独立判断、理性思辨的能力。批判性思维是创新的基础，只有敢于质疑现有观点，才能突破思维定式，产生创新的思路和方法。

中华优秀传统文化中有的思想也蕴含着独特的创新智慧。尊重个体独特性、鼓励自由发展的理念，有利于学生创新个性的培养。在教学中，教师应给予学生更多自主探索的空间，鼓励他们从不同角度思考问题，形成独特见解，而不是单纯灌输现成的知识。

中华传统文化中还有许多启发创新思维的经典故事和智慧格言，如“三个臭皮匠，顶个诸葛亮”的民间俗语，生动反映了集思广益、群策群力的创新理念。

（二）蕴含丰富的创新资源和智慧

1. 哲学

中华优秀传统文化蕴含着朴素的辩证法思想，强调事物的普遍联系和永恒发展。这种哲学智慧启迪学生用联系的、发展的眼光认识世界，敢于打破思维定式，勇于探索未知领域。同时，儒家“因材施教”的教育理念，道家“法自然”“无为而治”的处世哲学，都为创新教育实践提供了有益启示。

2. 人文精神

中华优秀传统文化崇尚“以人为本”，强调“仁爱”“恕道”等处世准则，体现了中华民族博大的人文情怀。这种人文精神有助于营造关爱、包容的校园

文化氛围，激发学生的创造热情。诸如“海纳百川，有容乃大”的胸襟，“精益求精，止于至善”的态度，都是创新所必需的品格基础。

3. 价值理念

中华优秀传统文化倡导求真务实、刚健有为的进取精神。无论是“天行健，君子以自强不息”的儒家思想，还是“路漫漫其修远兮，吾将上下而求索”的人生态度，都昭示着中华民族孜孜以求的创新追求，这种进取精神是创新的不竭动力。

4. 伦理道德

中华优秀传统文化重视“志存高远”“不耻下问”的治学态度，强调“学而不厌，诲人不倦”的学习品格。这些传统美德激励学生树立远大理想，保持强烈的求知欲和创新动力。同时，诚信的道德操守，严谨的科研作风，也是创新活动必不可少的品德基础。

因此，高校心理教育工作者应充分挖掘中华优秀传统文化中的创新资源，将其与心理教育相融合，在潜移默化中培育学生的创新精神。通过开设国学课程、举办传统文化讲座、组织经典诵读等多种形式，引导学生在传统文化的滋养下健全人格、涵育心灵，进而激发其创新意识。同时，教育者自身也要博古通今、学贯中西，在传统与现代的对话中实现教育理念和方法的创新，唯有如此，方能真正焕发中华优秀传统文化的时代活力，为培养具有家国情怀、全球视野的创新型人才提供精神动力。

（三）强调创新的价值和意义

中华优秀传统文化中“苟日新，日日新，又日新”的思想，体现了中华民族珍视创新、推崇创新的价值追求。创新是民族进步的源泉，是社会发展的动力。只有坚持创新，敢于变革，敢于突破，才能不断开创事业发展新局面。在当前高校人才培养中，我们更应该发扬中华优秀传统文化中的创新精神，鼓励学生创新创造，培养具有创新意识和创新能力的时代新人。

中华优秀传统文化还特别强调创新要致力于实现“天人合一”，即创新不能脱离人的全面发展和现实需要。创新不是无的放矢、脱离实际的，而应立足于促进人自身的完善和社会的进步。在高校心理健康教育中，我们应该传承和弘扬中华优秀传统文化蕴含的创新理念，引导学生树立正确的创新观，引导其将创新与自身发展、家国情怀相结合，激发内在的创新动力，努力成长为德智体美劳全面发展的社会主义建设者和接班人。

中华优秀传统文化中还有许多关于创新的智慧和方法，值得我们传承和借鉴。比如，“博学之，审问之，慎思之，明辨之，笃行之”的学习方法，强调多渠道汲取知识，勤于思考，善于分辨，积极实践，对于创新能力的培养大有裨益。再如，中医学“辨证论治”的方法，讲求具体问题具体分析，根据不同情况采取不同的应对之策，这种灵活的思维方式也有助于创新能力的提升。

第四章　中华优秀传统文化在高校心理教育中的应用策略

第一节　将中华优秀传统文化融入心理健康教育课程

一、中华优秀传统文化与心理健康教育课程的融合思路

（一）融合的必要性

中华优秀传统文化博大精深，涵盖了丰富的人文知识和道德规范，为心理健康教育提供了深厚的文化底蕴。例如，有的思想强调“修身、齐家、治国、平天下”，有的思想追求人与自然的和谐统一，有的思想注重内心的净化和修炼。这些思想无不蕴含着促进个体身心健康发展的智慧，对于引导学生正确认识自我、处理情绪、应对压力等方面具有重要启示意义。通过在心理健康教育课程中融入这些文化内容，可以帮助学生形成积极向上的人生观和价值观，增强其心理调适能力和抗逆力。

中华优秀传统文化重视个体的道德修养和人格塑造，强调以德立身、自强不息的精神。将其融入心理健康教育，有助于培养学生高尚的道德情操和坚韧不拔的意志品质。许多传统美德如忠恕、谦和、勇敢、自强等，都蕴含着积极向上的心理品质。通过在教学中渗透这些优秀品质，引导学生树立正确的人生目标和价值追求，可以增强其自信心和责任感，提升心理素质。同时，中华优秀传统文化还特别强调个人修养与社会责任的统一，主张“修身、齐家、治国、平天下”。将这一思想引入心理健康教育，可以帮助学生树立正确的社会责任感，增强其奉献意识和家国情怀，从而获得更多的生活意义感和幸福感。

中华优秀传统文化注重身心修炼，强调通过“静”来实现心灵的净化和升华。许多传统养生方法如冥想、太极等，都蕴含着丰富的心理保健和治疗意义。这为心理健康教育课程提供了生动、实用的教学资源。通过在课程中引入传统养生技法，指导学生掌握科学的心理调节方法，可以有效缓解其学习生活压力，提高心理健康水平。同时，这些传统修炼方法还强调身心的和谐统一，主张通

过调身来调心。将这一理念融入教学，有助于促进学生形成健康的生活方式，提升身心健康素质。

在教学形式和评价标准上引入中华优秀传统文化元素，也有助于增强心理健康教育的针对性和实效性。可以充分利用国学经典诵读、书法、国画等传统文化形式，创新教学模式，激发学生的学习兴趣。在评价标准中，可以将中华传统美德内化为评判学生心理健康水平的重要指标，引导其重视自身修养，形成积极健康的心理品质。

将中华优秀传统文化融入高校心理健康教育，还需要做好顶层设计，加强师资队伍建设。教师要加深对传统文化的理解和认同，提高文化素养，才能更好地发掘其中蕴含的心理健康教育资源，并融会贯通地应用于教学实践中。学校要完善教师培训体系，为其搭建传统文化学习平台，推动中华优秀传统文化与心理健康教育的深度融合。

（二）融合的基本原则

1. 科学性原则

科学性原则要求在融合过程中，既要尊重中华优秀传统文化的本质特征和内在规律，又要遵循心理健康教育的基本理论和方法。只有立足科学，才能确保文化融合的正确方向和有效路径。

2. 系统性原则

系统性原则强调要全面考察中华优秀传统文化的丰富内涵，挖掘其中与心理健康密切相关的思想理念、行为规范、实践方式等，形成系统完整的教育内容体系。同时，还要注重将这些内容与现有的心理健康教育课程体系有机结合，使之成为课程不可或缺的重要组成部分。

3. 针对性原则

针对性原则提醒我们，在文化融合过程中要充分考虑当代大学生的思想行为特点和心理健康需求。一方面，要选取那些能够引起学生情感共鸣、易于理解和接受的文化内容；另一方面，要紧密结合学生在学业、人际、情感等方面面临的现实困惑和挑战，提供有针对性的心理疏导和行为指引。只有做到心理教育内容与学生需求的精准对接，才能真正增强教育的吸引力和感染力。

4. 实效性原则

实效性原则要求在融合实践中，要强化中华优秀传统文化的现实应用，引导学生将所学文化知识转化为解决实际问题的心理品质和行为能力。这就要求教师在教学中要注重创设生动活泼的情境，鼓励学生亲身体验，在与文化沟通交流中获得直接的情感体验。同时，还要搭建多样化的实践平台，引导学生将优秀文化传统内化为日常修身养性的动力，外化为适应社会生活的行动。唯有理论与实践的有机统一，才能推动优秀传统文化在当代大学生心理建设中真正发挥立德树人的重要作用。

（三）融合的具体方法

教师要深入研究传统文化经典，挖掘其中蕴含的心理健康教育思想，如“知者不惑，仁者不忧，勇者不惧”体现的情绪管理智慧，“富贵不能淫，贫贱不能移，威武不能屈”彰显的意志品质等。在教学中，教师可以引导学生赏析经典篇章，体悟箴言警句，领会传统文化的精神内核。

教师可以充分利用传统节日、民俗活动等载体，在仪式感和文化体验中渗透心理健康教育。例如，在重阳节开展“尊老敬老”主题活动，引导学生感恩父母、孝敬长辈，培养积极乐观的生活态度；在春节期间组织“家风”故事分享，引导学生传承优良家风，增强自尊自信、责任担当的品格力量。

教师要创新教学方式方法，在潜移默化中实现传统文化与心理健康教育的融合。可以邀请国学大师开展讲座，让学生聆听传统文化的大家之言；开展经典诵读比赛，在吟诵传诵中感悟文化精髓；组织戏曲、民乐鉴赏活动，在高雅艺术熏陶中涵育健康人格。教师还可以充分利用新媒体平台，开发传统文化与心理健康教育相融合的慕课资源，建设优秀传统文化与心理健康教育融合的案例库，扩大教育覆盖面和影响力。

高校要加强顶层设计，将中华优秀传统文化融入心理健康教育课程体系建设的全过程。在人才培养方案制订、教学大纲修订、教材编写等环节，应统筹考虑传统文化元素的有机融入。同时，加强师资队伍建设，提升教师传统文化素养和教学创新能力，建立健全教学质量评估与反馈机制，为传统文化与心理健康教育的深度融合提供坚实保障。

二、挖掘中华优秀传统文化中的心理教育资源

（一）传统习俗中的心理教育元素

传统习俗凝聚了历史的智慧，承载着丰富的心理教育资源。在悠久的文明发展历程中，中国人形成了一套独特的传统习俗体系，其中蕴含着深刻的人生哲理和处世智慧，对于个体心理健康的发展具有重要的启迪作用。

1. 生命礼仪

中国传统习俗高度重视个体生命历程中的重大节点，如诞生、成年、婚嫁、丧葬等，并为之设置了隆重而庄严的仪式。这些仪式不仅是对个体生命的尊重和祝福，更是对其角色转换的心理准备和引导。以成年礼为例，通过“冠礼”或“笄礼”，个体被赋予了成人的身份和责任，从而获得了独立自主的心理认同。这一过程有助于个体顺利完成角色转换，减少心理冲突和焦虑，为未来的人生发展奠定良好的心理基础。

2. 人际交往

中国传统习俗十分注重人与人之间的和谐相处，强调“仁爱”“恕道”“推己及人”等处世原则。在日常交往中，通过拜年、祝寿、探望等礼仪，个体得以表达对他人的关怀和祝福，增进彼此的感情。同时，这些习俗也对个体的人际交往行为起到了规范和引导作用，使其学会换位思考，懂得体谅和包容。在潜移默化中，个体逐渐内化了这些价值理念，形成了良好的人际交往品质，这对于缓解人际压力，营造和谐的社会氛围具有重要意义。

3. 生活智慧

中国传统习俗中凝结了丰富的处世哲学和生活智慧。譬如，中秋赏月寄托着对家人的思念之情，体现了中华民族重视家庭、珍惜亲情的价值追求；又如，端午佩香囊、饮雄黄酒，寓意驱邪避疫、祈求平安，蕴含着乐观进取、勇敢无惧的生命态度。通过参与这些习俗活动，个体得以感悟人生真谛，获得心灵慰藉，从而以更加积极乐观的心态去面对生活中的种种困难和挑战。

许多传统习俗还蕴含着因应逆境、化解压力的智慧。例如，面对丧失亲人

之痛，丧葬习俗通过一系列仪式帮助个体宣泄哀思、接纳现实，完成心理上的“脱丧”过程。类似地，面对外界诱惑和挫折，茶道、花道、武术等传统文化形式则提供了一种内心修炼的途径，引导个体从纷扰中超脱出来，获得心灵的宁静与自在。

（二）民间故事与传说中的心理教育价值

民间故事与传说中蕴含着丰富的心理教育资源，是开展高校心理健康教育的重要素材。这些源远流长的口耳相传的故事，凝结了人民群众的集体智慧，反映了他们对人生、社会、自然等方面的认知和体悟。其中许多故事通过生动形象的情节、鲜活动人的形象，揭示了人性的复杂，展现了心理的奥妙，蕴含着深刻的心理健康教育内涵。

在民间故事与传说中，常常可以发现有关自我认识、情绪管理、人际交往等方面的心理学原理和大智慧。例如，在家喻户晓的《愚公移山》的故事中，愚公面对大山阻隔的困境，没有放弃，而是坚持不懈、持之以恒地开挖大山，最终感动上天，让夸娥氏的两个儿子把大山移走。这个故事生动地诠释了积极心理学中的乐观精神和坚韧品质的重要性，鼓舞人们以积极乐观的心态面对生活中的困难和挫折，以坚定不移的意志和行动去实现自己的人生目标。又如，《三个和尚没水吃》的故事警示我们，团队成员之间只有积极沟通和协作，扬长避短、互补不足，才能发挥集体的智慧和力量，有效应对生活和工作中遇到的问题与挑战。类似这样寓意深刻的民间故事和传说数不胜数，是开展心理健康教育的“活教材”。

将民间故事与传说融入高校心理健康教育，能有效增强教育的趣味性和感染力。一方面，这些富有情趣、贴近生活的故事更容易引起大学生的兴趣，激发他们探索心理学知识的热情。通过解读故事中蕴含的心理学寓意，学生能够在潜移默化中接受心理健康教育，从而达到寓教于乐的效果。另一方面，民间故事与传说中塑造的形象、设置的情境往往能引起学生的情感共鸣，产生强大的感染力和说服力。教师可以引导学生代入故事情境，体验人物的喜怒哀乐，感悟心路历程，从而加深对心理健康知识的理解和内化。例如，在分析《南郭先生》的故事时，教师可以引导学生设身处地为主人公寻找摆脱尴尬处境的心理策略，加深他们对自我呈现、印象管理等社会心理学概念的领悟。

民间故事与传说中也包含了许多中华民族的传统美德，如忠孝仁义、诚实守信等，对大学生的价值观培育和人格塑造具有重要意义。将心理健康教育与中华优秀传统文化相融合，引导学生从民间故事与传说中汲取心理营养，不仅能加深他们对民族文化的理解和认同，而且有助于提升他们的文化自信和道德修养，促进身心健康发展。例如，美女蛇白素贞对许仙的刻骨铭心的爱，体现了中华民族推崇的深沉执着、矢志不渝的爱情观，读来令人动容、催人泪下。教师可以引导学生反思现代社会中一些庸俗肤浅的恋爱观，树立正确的爱情价值取向。

（三）传统艺术形式中的心理教育资源

中华传统艺术蕴藏着丰富的心理教育资源，它们以独特的艺术形式呈现，深刻影响着人们的情感体验和价值观念。这些艺术形式不仅是民族文化的瑰宝，更是心理健康教育的宝贵资源。

在诸多传统艺术形式中，书法、国画、戏曲、音乐等都蕴含着深厚的文化内涵和心理暗示。书法艺术讲求的“静”“和”“敬”不仅是笔法中的要义，更蕴含着修身养性、明心见性的道理。练习书法可以让人获得内心的宁静，培养专注力和耐心，陶冶情操。国画讲究的“外师造化、中得心源”，强调融情于景，借景抒怀，可以使人在艺术创作中获得身心的愉悦，寻求精神的慰藉。戏曲通过角色的刻画和情节的展开，展现了复杂多变的人性和人生百态，蕴含着深刻的人生哲理和生命智慧，可以启迪人生，引发情感共鸣。音乐则以其特有的旋律、节奏、和声等艺术元素，直击人的心灵，表达丰富的情感，抒发内心的喜怒哀乐，具有强大的感染力和穿透力。

将传统艺术形式引入心理健康教育，可以创新教学内容和形式，提高教学的吸引力和感染力。比如，在教学中展示优秀的书法作品，引导学生体会其中蕴含的人生哲理和价值观念，启发学生以积极向上的心态对待人生；又如，组织学生学习传统戏曲中的经典唱段和身段，在艺术实践中感悟人物的性格特点和命运际遇，引发情感共鸣，加深对人性的理解；再如，利用传统音乐的抒情性和感染力，营造轻松愉悦的课堂氛围，缓解学生的心理压力，培养积极乐观的情绪品质。这些做法不仅可以激发学生的学习兴趣，还能潜移默化地影响其情感态度和价值观念。

三、设计具有文化特色的心理健康教育课程

（一）课程内容的文化元素

在高校心理健康教育课程中融入中华优秀传统文化元素，不仅有助于丰富

课程内容，提高教学效果，更能发挥传统文化的育人功能，促进学生全面发展。中华优秀传统文化蕴含着丰富的心理学智慧，许多经典著作对人的心理活动和品德修养有深刻洞见。将这些文化瑰宝中蕴藏的智慧提炼出来，融入心理健康教育课程，能够帮助学生更好地认识自我，调节情绪，培养健全人格。

具体来说，在课程内容设计上，教师可以围绕自我认知、情绪管理、人际交往、挫折应对等主题，选取与之相关的传统文化内容，引导学生从不同视角审视自我，提高心理调适能力。同时，教师还可以利用中华传统节日、民俗活动等载体，开展体验式教学，让学生在参与其中的过程中感悟传统文化的魅力，增强文化认同感和民族自豪感。

在教学方式方法上，可以借鉴传统文化中的育人方式，注重身教重于言教，加强师生互动和朋辈交流。例如，教师可以效仿古代思想家“亦师亦友”的教育理念，在传授知识的同时，以自身良好的心理素质感染学生，成为其学习的榜样。又如，可以利用校园环境营造传统文化氛围，在宿舍楼、教学楼等设置宣传橱窗、标语口号，张贴名言警句，在潜移默化中影响学生的价值观念。

（二）教学方法的文化融合

传统教学方法在中华优秀传统文化与心理健康教育课程融合中存在诸多局限性。传统教学往往以教师为中心，学生被动接受知识，缺乏主动参与和体验的机会。这种灌输式的教学模式难以激发学生的学习兴趣，更无法引导其真正理解和内化传统文化的精髓。同时，传统教学过于注重理论知识的传授，忽视了学生情感态度的培养和价值观的塑造。这与心理健康教育强调个体内在成长和人格完善的理念存在一定冲突。

因此，要实现中华优秀传统文化与心理健康教育的有机融合，必须创新教学方法，探索更加符合学生认知规律和成长需求的教学模式。具体而言，教师应积极引入体验式、参与式、探究式等教学方法，通过创设情境、组织讨论、开展活动等多种形式，让学生在亲身实践中感悟传统文化的魅力，体验其中蕴含的智慧。例如，教师可以带领学生参观传统文化遗址，开展国学经典诵读，组织戏曲、茶艺、书法等传统文化体验活动，引导学生在沉浸式的文化氛围中感受传统文化的博大精深。

教师还应注重挖掘传统文化中的心理健康教育资源，引导学生从不同角度理解和认识传统文化的内涵。例如，教师可以选取经典著作，带领学生探讨其中蕴含的修身养性、自我完善的智慧，引导学生以传统文化滋养心灵、涵养品格。又如，教师可以介绍传统节日、民俗活动中的心理调适方法，如重阳节登高、冬至吃饺子等，引导学生在参与传统文化活动的过程中获得身心的放松和愉悦。

在教学过程中，教师还应注重营造民主、平等、开放的课堂氛围，鼓励学生畅所欲言，表达自己对传统文化和心理健康话题的看法。通过平等交流和探讨，学生能够深化对传统文化内涵的理解，同时获得情感表达和心理疏导的机会。这种互动式的教学有助于拉近师生距离，增进彼此了解，促进教学相长。

教师还可以充分利用现代信息技术手段，丰富教学形式和内容。例如，教师可以利用多媒体制作生动直观的教学课件，将传统文化的典故、场景、人物形象化呈现，提高教学的趣味性和吸引力。又如，教师可以引导学生利用网络平台分享与传统文化和心理健康相关的见闻感悟，开展线上研讨和交流，拓宽学生的知识视野和体验空间。

（三）课程评价的文化标准

在知识目标层面，评价的重点是学生对中华优秀传统文化中蕴含的心理健康教育思想的掌握情况。通过课程学习，学生应能够领会中华优秀传统文化中关于身心和谐、情绪管理、人际交往等方面的智慧结晶，并将其内化为自身的认知理解。在能力目标层面，评价应关注学生运用中华优秀传统文化智慧分析和解决现实心理问题的能力。学生不仅要懂得这些文化理念，更要学会将其应用于日常生活，提高心理调适能力和挫折承受力。在素养目标层面，评价的核心是学生在人格塑造、价值认同等方面的提升。中华优秀传统文化蕴含着丰富的人文内涵和道德理念，通过潜移默化的熏陶，学生的人文情怀、家国情怀、责任担当等核心素养都能得到培育。

为保证评价的科学性和可操作性，在构建评价指标体系时还应注意以下几点：一是评价指标要全面系统，涵盖知识、能力、素养等各个维度，既考察显性的学习成果，也关注隐性的情感态度；二是评价方式要多元灵活，采用课堂观察、作业分析、访谈座谈等多种形式，全方位收集学生发展数据；三是评价主体要广泛参与，不仅有教师评价，更应重视学生自评和家长评价，形成多元主体共同参与的良性互动；四是评价反馈要及时有效，定期开展阶段性评估，分析学生发展特点，为教学改进提供依据。

（四）学生反馈的文化视角

从文化视角审视学生反馈，需要关注以下几个方面。

学生对中华优秀传统文化内容的兴趣和认同感至关重要。心理健康教育课程中融入的传统文化元素，应该具有鲜明的时代特色和现实意义，能够引起学生的情感共鸣。教师要通过学生反馈，及时了解他们对不同文化内容的偏好和感受，进而优化教学内容的选择。比如，在学生普遍认为某个传统故事晦涩难懂时，教师就需要考虑用更加通俗易懂的案例来替代。

学生对中华优秀传统文化的理解和内化程度，直接决定了教学目标的达成情况。心理健康教育不仅要让学生了解传统文化的表层知识，更要引导其领悟内在的智慧和精神。这就需要教师高度重视学生的反馈，深入分析他们对文化内涵的领会是否到位、是否产生了积极的情感体验和价值认同。只有学生真正将优秀传统文化内化为自身的行为准则和处世智慧，心理健康教育才算取得了实效。

学生对教学形式和方法的评价，是优化课程实施策略的关键依据。中华优秀传统文化教育不能照搬照抄古代的说教方式，而要根据当代大学生的特点，创新教学模式。学生的反馈能够为教师提供有价值的参考，帮助其甄别什么样的教学形式更易被学生接纳，什么样的教学方法更能调动学生的主动性。比如，学生普遍反映喜欢体验式、参与式的教学活动，教师就要进一步加大这类教学形式的比重。

学生对课程整体满意度的评价，是检验文化育人成效的试金石。将中华优秀传统文化融入心理健康教育，最终要达到提升学生心理素质、促进其全面发展的目标。学生的总体反馈，能够直观地反映课程是否达到了预期效果，学生是否真正从中受益。对此，教师要高度重视，认真梳理学生的评价意见，并以此为基础，不断改进完善文化育人的理念和举措。

四、提升教师对中华优秀传统文化的理解和应用能力

（一）教师培训计划

1. 提升教师对中华优秀传统文化的理解和认同

许多教师受现代教育背景影响，对中华优秀传统文化缺乏系统认知，对其

中蕴含的心理健康思想了解不够深入。培训要帮助教师梳理中华优秀传统文化的发展脉络，理解儒、道、佛等思想的精髓，领会古代智者在修身养性、健康生活等方面的智慧结晶。通过研读经典著作、参加专题讲座等形式，引导教师树立文化自信，增强传承弘扬中华优秀传统文化的责任感和使命感。

2. 提升教师的教学设计和实施能力

将中华优秀传统文化融入心理健康教育，绝非简单的知识灌输，而是要激发学生的情感共鸣，引导其内化于心、外化于行。这就要求教师在备课时，精心遴选体现中华民族智慧结晶、富有教育意义的素材，运用案例分析、小组讨论、角色扮演等多样化的教学方法，帮助学生领悟中华优秀传统文化的时代价值。同时，鼓励教师立足学科特点和学生需求，创新教学模式，如开展中华优秀传统文化体验活动、举办国学讲堂等，增强课程的生活性和实践性。

3. 考虑教师的差异性和主体性

不同专业背景、年龄层次的教师，对中华优秀传统文化的认知水平和接受程度存在差异。培训要做好分类指导，为青年教师和老教师搭建互学互鉴的平台，发挥传帮带作用。鼓励教师结合自身体会，交流心得感悟，碰撞智慧火花。同时，培训也要尊重教师的主体地位，为其自主学习、自我提升提供空间。搭建网络学习平台，提供优质的在线课程资源，方便教师利用碎片化时间开展学习。

4. 建立完善的培训评估和激励机制

定期开展教学观摩、经验交流等活动，促进教师之间的互相借鉴。建立科学的考核指标体系，将教师对中华优秀传统文化的理解运用情况纳入考评范畴，强化培训实效。对于在教学实践中成效突出的教师，给予表彰奖励，增强其职业荣誉感和获得感。

（二）教师文化素养提升

1. 加强专业培训

高校应定期组织教师参加中华优秀传统文化专题讲座、研讨会，邀请国学大师、文化学者授课解惑，引导教师深入经典著作，体悟先贤智慧。通过系统学习，教师能够全面认识中华优秀传统文化的发展脉络，准确把握其思想精髓，为教学实践提供理论指导。同时，学校还应鼓励教师利用业余时间广泛涉猎中华优秀传统文化典籍，提倡教师互相交流学习心得，营造浓厚的文化氛围。

2. 将传统文化与教学相融合

心理健康教育课程思政建设为中华优秀传统文化融入教学提供了良好契机。教师应深入挖掘教学内容中蕴含的中华优秀传统文化因子，充分利用经典故事、历史典故等素材，创新教学方式方法，增强教学的亲和力和感染力。在教学中融会贯通，使学生在潜移默化中感悟中华优秀传统文化魅力，内化为自身修养。

3. 以身作则，言传身教

教师的一言一行对学生具有重要影响。教师应努力提升个人修养，严格要求自己，在为人处世中体现中华传统美德，如忠恕、谦和、诚信等，让学生从身边的楷模中感受中华优秀传统文化的独特魅力。同时，教师要关注学生的心理变化，及时予以疏导，用中华优秀传统文化的智慧启发学生成长，做学生健康成长的引路人。

4. 营造良好的传统文化氛围

可以充分利用重大节日、纪念日等契机，开展丰富多彩的校园文化活动，如经典诵读、国学讲堂、书法比赛、传统礼仪展示等，让学生在活动中接受熏陶，增强文化认同感。学校还可以加强校园环境文化建设，利用橱窗、展板等形式展示传统文化内容，营造传统文化育人环境，使学生耳濡目染，潜移默化地接受文化滋养。

（三）教学资源共享

1. 构建共享机制

高校应建立健全相关制度，鼓励和引导教师将个人积累的优质教学资源进行系统梳理和提炼，并通过教学研讨、经验交流等方式，与其他教师分享交流。同时，高校还应搭建网络共享平台，利用信息技术手段，实现教学资源的数字化存储、网络化传播，方便教师随时随地获取和使用。通过制度保障和技术支持，为教学资源共享创造良好环境。

2. 创新资源形式

传统的教学资源以纸质教材、PPT 课件为主，内容相对固化，更新速度较慢。而将中华优秀传统文化融入心理健康教育，需要根据不同学生群体的特点，因材施教，灵活调整教学内容和方法。因此，教师要积极开发和利用案例、视频、动画等新型教学资源，用生动鲜活的形式吸引学生注意力，激发其学习兴趣。同时，还要注重挖掘身边的教学素材，将中华优秀传统文化中的智慧故事、名言警句等恰当地引入课堂，增强教学的文化底蕴和感染力。

3. 拓宽共享渠道

在校内，可以通过教研室、备课组等形式，定期开展教学资源的分享和研讨，促进教师之间的交流与合作。在校外，可以依托学校间的教学联盟、协作组织，实现资源的跨校共享和流动。此外，还要注重发挥社会资源的作用，积极引入国学大师的讲座、非物质文化遗产传承人的示范等，拓宽学生的文化视野，丰富教学资源的来源。

（四）教学方法创新

在创新教学方法时，教师要立足中华优秀传统文化的特点，精心设计教学活动。比如，在教授中国传统节日时，教师可以组织学生参与节日习俗的体验和再现，如包粽子、猜灯谜、赏月等，让学生在参与的过程中了解节日的由来、内涵和价值观念。又如，在教授中国传统美德时，教师可以设计角色扮演、情景模拟等活动，让学生在具体情境中感受传统美德的意义和力量，内化为自身的品格和行为准则。

创新教学方法还要注重学生的主体地位和个性化需求。教师应充分尊重学生的好奇心和求知欲，鼓励其自主探索、主动质疑，成为学习的主人。同时，教师要关注学生的兴趣特点和认知基础，因材施教，提供多样化的学习资源和途径，满足不同学生的发展需要。比如，对于文学爱好者，教师可以提供更多的古典诗词、散文等赏析材料；对于历史爱好者，教师可以提供更多的史料、典故等探究资源。

教学方法创新还应与现代信息技术紧密结合。教师要积极利用多媒体、网络平台等技术手段，创设沉浸式、交互式的学习环境，提高教学的直观性和吸引力。比如，教师可以利用虚拟现实技术，再现古代建筑、服饰等场景，让学生身临其境地感受传统文化；又如，教师可以利用在线社区、博客等平台，组织学生开展传统文化主题的讨论、分享，拓宽学习的时空界限。

教学方法的创新有助于教师不断更新教育理念，拓宽教学视野，提升教学艺术和教育智慧。在创新的过程中，教师要勇于打破常规，敢于尝试，以开放、包容的心态汲取多元文化养分，不断丰富和完善自己的知识体系和方法技能。同时，教师还要加强与同行的交流合作，互相启发，取长补短，在教学实践中不断反思和提升。

五、优化心理健康教育课程的实施效果评估

（一）评估指标体系设计

在知识维度，评估指标应涵盖学生对心理健康知识的掌握程度，如对心理学基本概念、原理的理解，对常见心理问题的认识等。同时，还应考查学生运用所学知识分析问题、解决问题的能力，如面对压力和挫折时的应对策略，处理人际关系矛盾的方法等。这就要求评估不能仅停留在理论层面，更要注重学生实践应用能力的考查。

在能力维度，评估指标应重点考查学生的自我认知、情绪管理、人际交往等关键能力的提升情况。具体来说，可以通过心理测评、行为观察、访谈等多种方式，了解学生对自身优缺点、兴趣特长的认识，评估其情绪稳定性和压力承受力，考查其沟通表达、团队合作等社交能力。这些指标的设计应该贴近学生的现实生活，体现心理健康教育的实效性和针对性。

在情感维度，评估指标应该关注学生积极心理品质的培养和价值观念的塑造。这就需要考查学生的自尊自信水平，了解其对生命意义、人生目标的思考，评估其责任感、同理心等道德品质的形成情况。同时，还应重视学生心理行为习惯的养成，如乐观积极的态度、健康文明的生活方式等。这些指标的设计应该体现心理健康教育的育人导向和价值追求。

评估指标体系的设计还应该具有一定的开放性和发展性。一方面，要根据不同年级、不同专业学生的特点，设计有针对性的评估指标和权重，突出评估的差异化和个性化。另一方面，要紧跟心理学研究的最新进展，不断更新完善评估指标，使其能够反映学生心理发展的动态变化过程。

（二）评估方法与工具选择

随着心理测量学的发展和信息技术的进步，一系列标准化的心理测验和量表被引入心理健康教育课程评估中。这些测验工具通过对学生心理健康状况的量化描述，增强了评估的科学性和可比性。例如，症状自评量表可用于评估学生的心理症状水平；生活满意度量表可用于评估学生的主观幸福感；应对方式问卷可用于评估学生应对压力的策略和能力。运用这些成熟的测验工具，教师可以准确把握学生的心理健康水平及其变化情况，为有针对性地开展教育教学活动提供依据。

定性评估方法也是评估心理健康教育课程效果的重要手段。定性评估注重从学生的主观体验和感受出发，通过访谈、观察、反思日志等方式深入了解课程对学生的影响。例如，教师可以通过个别访谈或焦点小组座谈的形式，鼓励学生畅谈参与课程的感受和收获，分析课程在情感态度、社会适应等方面对学生的积极影响。教师还可引导学生撰写学习反思日志，记录课程学习的过程和感悟。定性资料能够生动、形象地反映课程实施效果，弥补单一使用量化指标的不足。

在评估工具的选择上，教师还应注重评估内容与课程目标的匹配性。心理健康教育课程的目标往往包含知识、能力、情感态度等多个维度。评估工具的选择应涵盖这些关键维度，全面考查课程目标的达成情况。同时，评估工具的选择还应考虑其信效度、开发过程是否规范、是否适用于高校学生群体等因素，以保证评估结果的可靠性和有效性。

评估方法与工具的选择还应体现多元化的理念。单一的评估方法和工具难以全面反映课程实施的复杂效果。教师应根据实际需要，灵活采用测验、访谈、观察、反思日志、档案袋评价等多种方法，从不同角度收集评估数据。定量与定性评估相结合，形成性评价与终结性评价相结合，学生自评、教师评价和同伴评价相结合，才能构建起科学、完善的评估体系。

（三）评估数据的收集与分析

评估数据的收集应遵循全面性、针对性、连续性的原则。全面性要求数据收集涵盖教学过程的各个环节，包括课程设计、教学实施、学生反馈等，形成完整的数据库；针对性意味着收集的数据要紧密围绕评估目标，重点关注课程实施的关键指标，如学生参与度、文化融合度、心理健康水平等；连续性则强调数据收集贯穿课程实施的全过程，动态监测教学状况，及时发现问题。为保证数据质量，教师可采用问卷调查、访谈、测验、个案分析等多种方式，收集定量和定性数据。

在数据分析阶段，研究者需要根据评估目标和指标体系，选择恰当的统计方法和质性分析技术。定量数据分析常用的统计方法包括描述性统计、推断性统计、相关分析、回归分析等。通过对学生的心理健康测评数据进行统计分析，可以揭示教学前后学生心理健康水平的变化，验证课程的实施效果。同时，相关分析、回归分析有助于探究影响学生心理健康的关键因素，为教学改进提供依据。定性数据分析则侧重于挖掘学生的主观体验和认知变化。研究者可对访谈、反馈等文本数据进行编码、主题提炼，深入理解学生对传统文化的内化程度，解读学生的情感、态度变化。

评估数据分析的结果应用是提升心理健康教育课程质量的关键。一方面，研究者可将分析结果与学科理论、教学实践相结合，探索传统文化与心理健康教育融合的理论模式和实践路径，为课程优化完善提供学理依据。另一方面，高校可建立数据应用的反馈机制，及时将评估结果反馈给任课教师、教研组，引导教师调整教学策略，改进教学方法，不断提高课程实施水平。

（四）评估结果的反馈与改进

具体而言，教师可以从以下四个方面入手，深化评估结果的反馈与改进工作。

1. 优化课程内容设置

通过对评估数据的分析，教师可以判断哪些教学内容受到学生欢迎，哪些内容难以引起学生兴趣，进而调整课程结构，增加富有吸引力和针对性的教学模块，削减枯燥乏味、脱离实际的内容。同时，教师还应该根据学生的心理发展特点和现实需求，不断更新课程资源，引入前沿的心理学理论和研究成果，使教学内容始终保持时代性和前瞻性。

2. 创新教学方法和手段

评估结果能够反映不同教学方法的实际效果，为教师优化教学策略提供重要参考。教师应该根据反馈意见，改进传统的说教式、灌输式教学，积极探索参与式、体验式、案例式等教学新形态，激发学生的学习兴趣和主动性。同时，教师还应该充分利用信息技术手段，开发形式多样、内容丰富的数字化教学资源，为学生提供个性化、智能化的学习支持。

3. 加强师生互动与交流

评估过程本身就是师生沟通的重要渠道，教师应该重视学生的反馈意见，与学生建立平等、互信的关系。在日常教学中，教师要营造民主、开放的课堂氛围，鼓励学生畅所欲言，表达真实想法。同时，教师还应该与学生进行课下交流，及时了解学生的心理状况和学习困惑，有针对性地提供帮助和指导。只有在充分互动与交流的基础上，教师才能准确把握学生的需求，真正做到因材施教、精准教学。

4. 完善评估制度与机制

为了使评估结果真正发挥应有的作用，学校应该建立健全课程评估制度，将其纳入教学质量监控体系。定期开展多主体、多层次的评估活动，采集全面、客观的数据信息。同时，还应该探索建立评估结果运行机制，将评估结果与教师绩效考核、职称晋升等挂钩，调动教师参与评估、运用评估的积极性。此外，学校还应该加强评估能力建设，组织专题培训，提升教师解读数据、开展反思的能力，为深化评估结果运用奠定基础。

第二节　通过校园文化活动和社会实践推广中华优秀传统文化

一、校园文化活动的设计与实施

（一）活动主题选择

选择富有中华优秀传统文化底蕴的主题，能够增强大学生的文化自信和民族认同感。中华文明源远流长，蕴含着丰富的思想智慧和道德理念。通过开展国学经典诵读、传统节日庆祝、非物质文化遗产展示等活动，引导学生感悟中华优秀传统文化的独特魅力，树立民族自豪感和使命担当。同时，中华优秀传统文化中蕴含的仁爱、正义、诚信、责任等价值理念，也为当代大学生的人格塑造和品德养成提供了宝贵营养。

聚焦时代发展和社会需求，设计契合大学生成长成才的主题，能够增强校园文化活动的针对性和实效性。当前，我国正处于全面建设社会主义现代化国家的关键时期，迫切需要一代代有理想、有本领、有担当的青年才俊投身民族复兴的伟大事业。高校应紧扣立德树人根本任务，围绕理想信念教育、爱国主义教育、创新创业教育等内容，开展形式多样、内容丰富的主题活动。引导大学生厚植家国情怀，锤炼过硬本领，激发青春梦想，将个人理想自觉融入民族复兴的时代洪流。

鼓励大学生参与主题策划和活动组织，有利于激发其主体意识和创新潜能。在校园文化活动中，大学生不应仅仅作为被动的参与者，更应成为活动方案的设计者和实践者。高校应搭建平台，营造氛围，吸引更多学生参与活动主题的讨论和确定。在此过程中，大学生的筹划能力、组织能力、团队协作能力等都能得到锻炼和提升。让大学生成为校园文化活动的主人翁，不仅能够增强活动的生命力和感染力，更能充分发挥校园文化“三全育人”的功能，促进大学生德智体美劳全面发展。

（二）活动形式创新

中华优秀传统文化博大精深，蕴含着丰富的心理健康教育资源。将中华优秀传统文化融入校园活动，不仅能增强活动的文化内涵和教育意义，更能唤起当代大学生的文化认同感和民族自豪感。比如，心理健康教育部门可以联合中文专业，开展“经典诵读”活动，选取蕴含心理健康理念的古代诗歌，引导学生诵读品味，感悟先贤的生命智慧。又如，学校可以举办“国学讲堂”，邀请国学大家解读人生哲理，启发学生以平和、豁达的心态看待人生起伏。这些将中华优秀传统文化与心理健康教育巧妙结合的活动，既能陶冶学生情操，又能引导其形成积极向上的人生观，可谓一举多得。

创新活动形式，还要注重发挥学生的主体性和创造力。心理健康教育不应停留在说教和灌输，而应让学生在参与中感悟、在体验中成长。学校可以举办创意策划大赛，鼓励学生围绕心理健康主题自主设计活动方案；可以成立心理剧社团，引导学生编排、表演反映心理问题的原创剧目；可以开展心理摄影大赛，激发学生用镜头捕捉身边励志故事……这些创新活动不仅能充分调动学生的主动性，更能挖掘其创造潜能，使其在参与活动的过程中实现自我教育、自我成长。

高校还应积极利用新媒体平台，创新网络心理健康教育活动。当代大学生成长于信息时代，对网络平台有着极高的接受度和参与度。学校可以开设心理健康教育微信公众号，定期推送贴近学生生活的案例分析和心理咨询；可以举办网络心理情景剧大赛，征集学生自编自导的微电影作品；可以开展心理健康知识网络竞答，以趣味问答的形式普及心理学知识……这些依托新媒体开展的活动，能够打破时空限制，扩大心理教育的受众面和影响力，让心理健康理念渗透到学生学习生活的方方面面。

（三）活动效果评估

活动效果评估应覆盖活动的各个方面，包括活动主题的契合度、活动形式的创新性、活动内容的吸引力、学生参与的积极性等。通过全方位的评估，可以更加全面地了解活动的优势和不足，为下一步改进提供明确方向。在评估过程中，既要重视量化指标的统计分析，如参与人数、满意度等，也要关注质性反馈的收集整理，如师生的心得体会、意见建议等。唯有定量与定性评估相结合，才能真实反映活动效果。

1. 活动效果评估应采取多元化的评估方式

可以通过问卷调查、访谈座谈、行为观察等方式，从不同角度收集评估数据。问卷调查能够高效快捷地了解师生对活动的总体评价，但可能无法深入挖掘个体的真实想法；访谈座谈能够促进师生的深度交流，获取更加丰富、细致的反馈信息，但受访对象有限，代表性可能不足；行为观察能够直观地捕捉师生在活动中的参与表现，但观察者的主观判断可能影响结果的客观性。因此，有必要综合运用多种评估方式，相互补充，以期获得全面、可靠的评估数据。

2. 活动效果评估应充分听取师生的意见

作为活动的参与者和受益者，师生对活动效果有着最直接、最真切的感受。他们的意见和建议，是改进活动的宝贵财富。在评估过程中，要为师生畅所欲言提供多种渠道，鼓励他们客观表达真实想法，以开放、平等、尊重的态度对待每一个人的声音。对收集到的意见建议，要认真梳理、深入分析，吸纳其中有价值的成分，用以指导后续活动的优化调整。唯有虚心听取师生的声音，才能真正贴近师生需求，提升活动效果。

3. 活动效果评估应形成客观、准确的评估结果

评估不能流于形式，更不能预设立场，而应以科学、严谨的态度对待每一项数据，以求真务实的精神得出每一个结论。评估结果要客观反映活动效果，准确指出存在的问题，并提出切实可行的改进措施。对于活动中的成功经验，要及时总结提炼，并在后续活动中加以推广；对于活动中的不足，要深入剖析原因，并采取针对性的应对策略。唯有以客观、准确的评估结果为依归，才能推动高校传统文化活动的持续优化，不断提升育人实效。

二、社会实践活动的组织与管理

（一）实践活动的选题

社会实践选题应紧密结合时代发展和社会需求。当前，我国正处于全面建设社会主义现代化国家的关键时期，经济社会发展面临诸多挑战和机遇。高校社会实践活动要主动对接国家战略和区域发展需求，聚焦经济转型升级、乡村振兴、生态文明建设等重大议题，引导大学生深入基层一线，了解国情民意，在服务大局中砥砺成长。同时，社会实践选题还要关注人民群众的现实需求，聚焦民生热点、难点问题，引导大学生用所学知识和专业技能为群众排忧解难，在为民服务中提升综合素质。

社会实践选题应注重学科专业特色和育人导向。不同学科专业有着不同的知识体系和人才培养目标，社会实践活动应充分体现学科专业特点，发挥学科优势，培养学生的专业素养和实践能力。例如，医学专业可以开展社区义诊、健康教育等实践活动，法学专业可以开展法律援助、普法宣传等实践活动，艺术专业可以开展文艺下乡、艺术普及等实践活动。同时，社会实践选题还要体现育人导向，突出思想引领和价值塑造，引导大学生在实践中坚定理想信念，厚植爱国情怀，践行社会主义核心价值观，培养担当民族复兴大任的时代新人。

社会实践选题应兼顾前瞻性和延续性。社会实践不是一蹴而就的，需要在实践中不断积累经验，持续深化和拓展。因此，社会实践选题既要具有前瞻性，关注经济社会发展的新趋势、新动向，引领大学生开拓创新、勇立潮头；又要注重延续性，在前期实践的基础上深化主题、拓展内容，形成具有特色和影响力的实践品牌。例如，聚焦脱贫攻坚、乡村振兴等国家重大战略，连续多年深

入开展社会实践，建立长效机制，形成工作合力，既能提升实践效果，又能扩大社会影响。

社会实践选题应充分尊重学生主体地位和个性化需求。大学生是社会实践活动的主体，其兴趣爱好、专业特长、成长诉求等都应得到充分尊重和满足。在实践选题过程中，要多渠道征求学生意见，鼓励学生结合自身实际提出选题设想，支持学生自主开展实践探索。同时，要为学生提供多样化的实践选择，既要有重大主题引领的全校性实践项目，又要有学院特色鲜明的专业实践项目，还要有学生自主申报的个性化实践项目，最大限度地调动学生参与实践的积极性和主动性。

（二）实践活动的实施

选题是社会实践活动成功与否的关键。好的选题应立足学生实际，紧扣时代脉搏，体现传统文化的时代价值。例如，可以组织学生深入乡村开展文化调研，挖掘、整理濒临失传的民间工艺；也可以引导学生走进博物馆、文化遗产地，感受历史文化的厚重与博大。无论选题何种形式，都应突出育人导向，注重学生综合素质的提升。在选题确定后，高校要做好实践方案的设计和论证，明确活动目标、路线、内容、方式等，为实践活动的顺利开展提供指南。

实践活动的成效很大程度上取决于过程管理。在活动实施阶段，高校要加强过程指导和跟踪评估，及时发现并解决实践中遇到的困难和问题。教师应深入一线，与学生同吃同住同劳动，通过身体力行传递优秀文化理念和价值追求。同时，要引导学生将专业知识与传统文化相融合，提升实践的针对性和实效性。例如，艺术专业的学生可以用琴棋书画等形式进行文化传播，社会学专业的学生则可从社会发展角度解读传统文化的当代价值。在活动过程中，还要重视学生的心得体会和反思总结，鼓励其通过日志、研究报告等方式对实践成果进行梳理提炼，内化为自身修养。

社会实践活动结束后，高校要高度重视成果转化和推广应用。可以通过召开专题研讨会、举办成果展等方式，为学生提供交流展示的平台。优秀的实践成果还可通过新媒体进行传播，扩大社会影响力。对于一些探索性、创新性的实践项目，高校要给予持续支持，搭建深化拓展的舞台，推动其常态化、长效化开展。只有实现成果的内化外化，社会实践活动才能真正发挥传承创新中华优秀传统文化的功能，为学生的全面发展赋能。

三、传统文化节日的校园推广

（一）节日活动策划

1. 节日主题的选择要突出思想内涵与教育意义

比如，端午节可以围绕“爱国”这一主题，通过纪念屈原、讲述民间故事、体验龙舟竞渡等活动，引导学生继承爱国主义精神；中秋节可以围绕“团圆”这一主题，开展赏月、猜灯谜、品鉴传统美食等活动，引导学生感悟中华文化的家国情怀。无论何种主题，都要从传统节日的文化内核出发，挖掘其中蕴藏的思想价值，使之转化为大学生成长的精神滋养。

2. 活动形式的创新要注重吸引力与参与度

单一、呆板的活动难以调动大学生的兴趣，更谈不上达到育人目的。高校要立足校园实际，因地制宜地开展特色鲜明、形式多样的节日活动。比如，可以举办传统文化讲座、经典诵读会、戏曲欣赏会等，普及节日知识，传播优秀文化；可以组织民俗技艺体验、非遗项目展示等，让学生在参与互动中感受传统文化的独特魅力；还可以鼓励学生社团创新节日活动，如主题手工制作、知识竞赛、短视频创作等，激发师生创造力。

3. 节日活动的效果评估要突出针对性与实效性

高校要建立科学的评估机制，及时跟踪师生的参与情况和反馈意见，总结经验不足，改进完善活动方案。评估不能流于形式，要真正发挥以评促建、以评促改的作用，推动节日文化活动不断优化升级。同时，评估还要关注活动的育人实效，考查大学生在活动中的收获和提升，包括传统文化知识的掌握、人文素养的提高、价值观念的升华等。唯有将评估落到实处，才能确保节日活动发挥应有的教育功能。

（二）节日活动参与

高校要结合节日主题和学生特点，设计富有吸引力和参与度的活动形式。传统的节日庆祝活动，如猜灯谜、吃月饼、赏花灯等，虽然有一定的趣味性，但难以满足当代大学生多元化、个性化的需求。因此，高校应积极创新活动形式，融入时尚元素，如举办“创意汤圆”制作大赛“我最喜爱的传统节日”短视频大赛等，让学生在参与中展现创意，感受节日氛围。同时，高校还可以利用新媒体平台，开展线上线下相结合的节日互动活动，扩大学生参与面。

高校要注重活动内容的文化内涵，引导学生在参与中领悟传统美德。许多传统节日蕴含着丰富的文化内涵和道德理念，如中秋节的团圆、重阳节的敬老等。高校在设计活动内容时，应充分挖掘其中的文化底蕴，通过讲座、展览、情景剧等形式，让学生深入了解节日的由来、习俗和寓意。例如，在端午节活动中，高校可以组织学生学习屈原的爱国情怀和高尚品德，引导他们继承和发扬中华民族的优良传统。

高校要发挥学生的主体作用，调动其参与节日活动的积极性。学生是节日活动的参与者和受益者，只有他们真正投入其中，活动才能达到预期效果。因此，高校应充分尊重学生的意愿和选择，鼓励其参与活动策划和组织，让其在筹备过程中锻炼能力，提升素质。同时，高校还要创造宽松、和谐的活动氛围，营造平等、互动的师生关系，激发学生参与的热情。

高校要注重活动效果的评估和反馈，不断改进节日活动的质量。通过问卷调查、访谈等方式，了解学生对活动的满意度和建议，总结活动中的经验教训，为下一次活动优化提供依据。高校还要关注活动对学生成长的影响，评估其在提升人文素养、培养家国情怀等方面的成效，形成长效机制。

四、学生社团在传统文化传播中的作用

（一）社团活动设计

传统文化社团活动设计应立足社团定位，突出传统文化特色。不同的传统文化社团有着各自独特的文化内涵和发展方向，如古琴社注重雅乐之美的传承，书法社强调笔墨技艺的修炼，国学社侧重经典著作的研读。活动设计必须紧扣社团的核心文化，充分彰显其独特魅力。同时，还要与时俱进，将传统文化元素与现代表现形式巧妙结合，增强活动的吸引力和感染力。比如，在传统节日期间，古琴社可以举办“琴韵古风”专场音乐会，书法社可以开展“翰墨飘香”现场挥毫活动，国学社则可以组织诗词朗诵比赛。这些富有文化底蕴又紧跟时代脉搏的活动，必将吸引更多学生参与其中，感受传统文化的无穷魅力。

传统文化社团活动设计还应注重互动性和参与度，充分调动学生的主动性和创造性。单纯的讲座、展览等被动接受式的活动形式，已经难以满足当代大学生的需求。社团应积极探索参与式、体验式活动，鼓励学生动手实践，在亲身参与中加深对中华优秀传统文化的理解和感悟。比如，在重大传统节日来临之际，社团可以组织学生自编自导自演节日主题曲艺表演，让其在创作和排练过程中深入了解节日的文化内涵；在传统工艺面临失传危机之时，社团可以邀请非遗传承人现场教学，引导学生动手制作传统工艺品，在劳作中感受匠人精神。通过这些寓教于乐的互动体验活动，学生的文化认同感和民族自豪感必将得到极大提升。

传统文化社团活动设计还应加强校际交流与合作，搭建更广阔的文化传播平台。高校之间的文化差异与互补性，为社团活动创新提供了广阔空间。社团应积极争取学校支持，通过联谊、访学、文化节等多种形式，与兄弟高校的传统文化社团开展深入交流与合作。一方面，通过异校活动的借鉴学习，可以不断优化完善自身的活动设计；另一方面，跨校活动的开展也为中华优秀传统文化的传播提供了更大舞台，提升了社团的影响力和号召力。比如，社团可以联合举办“国粹荟萃”传统文化展演活动，集中展示各校社团的文化特色和学习成果；还可以组织“寻根问祖”主题夏令营，组织各校学生体验传统文化发祥地的人文风情。这些跨越校园的交流活动，必将推动校际文化互鉴，为弘扬中华优秀传统文化凝聚更强大的青年力量。

（二）社团成员培训

培训内容的选择应立足于中华优秀传统文化的精髓，兼顾社团成员的兴趣爱好和接受能力。例如，对于学习国学经典的社团，可以开展古文诵读、书法练习等培训活动；对于研究民族音乐的社团，可以邀请民族器乐演奏家举办讲座和示范教学；对于传承民间工艺的社团，可以组织成员拜访非物质文化遗产传承人，学习传统技艺。这些培训活动不仅能够提升社团成员的文化修养，还能激发其热爱传统文化的情怀，增强文化自信。

培训方式的选择应注重互动性和体验性，充分调动社团成员的主动性和创造性。单向灌输式的讲座培训往往难以取得理想效果，而沉浸式、参与式的培训活动更能引起学生的兴趣，加深其对传统文化的理解和认同。例如，社团可以组织成员参观博物馆、文化古迹，感受历史的厚重；开展古典诗词创作比赛，鼓励成员创新表达；举办传统文化主题沙龙，促进思想交流和碰撞。这些寓教于乐的培训方式，能够潜移默化地提升社团成员的人文素养，培养其传承创新传统文化的意识和能力。

社团骨干的培养是成员培训的重点。作为社团的中坚力量，骨干成员的文化素质和领导力直接影响着社团的发展方向和活力。因此，在培训过程中，要重点加强对骨干成员的思想引领和能力拓展。通过开展骨干培训营、领导力工作坊等活动，帮助他们树立正确的文化价值观，提升组织协调、项目策划、资源整合等能力。同时，鼓励骨干成员参与社团管理和决策，为其提供锻炼和成长的平台，发掘和培养优秀的学生文化领袖。

社团成员培训还应注重与学校课程体系和校园文化活动的融合。将中华优秀传统文化教育渗透到专业学习和日常生活中，能够拓宽学生的知识视野，提升其文化品位。例如，社团可以与相关院系合作，开设中华优秀传统文化选修课，邀请国学大师开展系列讲座；在重大节庆和纪念日举办主题文化活动，营造中华优秀传统文化的校园氛围；组织成员参加国家级、省级非物质文化遗产项目的传习活动，感悟中华优秀传统文化的魅力。

（三）社团活动推广

1. 加强社团活动的设计与规划

社团负责人应深入挖掘传统文化的内涵，结合社团特色和学生需求，精心设计具有文化内涵、思想深度和时代特色的活动方案。例如，文学类社团可以开展经典诵读、国学讲座、诗词创作等活动；艺术类社团可以组织传统戏曲表演、民乐演奏、书画展览等；体育类社团可以传承武术、龙舟等民族传统体育项目。活动设计要突出参与性和互动性，激发学生的兴趣和热情，使其在参与中感悟中华优秀传统文化的魅力。

2. 重视社团成员的培训和引导

作为中华优秀传统文化的传播者和践行者，社团成员自身的文化素养和价值观念十分关键。社团应定期组织中华优秀传统文化专题培训，邀请专家学者讲解传统文化的历史渊源、思想内涵和时代价值，提升成员的文化自觉和文化自信。同时，社团干部要以身作则，率先垂范，在日常管理和活动中贯彻传统美德，引导成员树立正确的世界观、人生观、价值观。只有社团成员充分认同并内化中华优秀传统文化的精髓，才能在文化传播过程中做到知行合一、以文化人。

3. 创新活动形式，扩大传统文化的影响力和辐射面

在传统的讲座、展览等活动基础上，社团可以充分利用新媒体平台，开展网上直播、云展览、视频大赛等线上活动，吸引更多学生参与。同时，社团还可以走出校园，深入社区开展传统文化进社区、进乡村等志愿服务，在服务实践中弘扬传统美德、传递正能量。通过“线上＋线下”“校内＋校外”的立体式传播，学生社团能够让中华优秀传统文化走进更多学生的生活，让优秀传统在青年一代中生根发芽。

4. 学校要加强对学生社团传统文化活动的支持和引导

一方面，学校应制定相关政策，在场地、经费、师资等方面为社团提供必要保障，营造良好的育人环境。另一方面，学校要加强社团管理，规范社团活动，引导社团活动与学校育人目标相契合。学校可以将传统文化传承纳入社团考核体系，评选表彰优秀社团和个人，激励更多学生投身中华优秀传统文化传播的行列。

五、校园文化与社会实践的融合策略

（一）资源整合

高校可以通过建立校地合作机制，与地方政府、企事业单位等开展深度合作，共享人才、技术、设备等资源。例如，高校可以与地方博物馆、文化馆合作，邀请专家学者来校举办讲座、展览，丰富校园文化生活；与企业合作，为学生提供实习实践机会，提升其实践能力和就业竞争力。同时，高校还可以利用自身的学科优势和智力资源，为地方经济社会发展提供咨询服务，实现互利共赢。

高校还应加强与其他高校、科研院所的交流合作，推动优质教育资源的共建共享。通过联合举办高水平学术研讨会、师生交流活动等，促进不同学校间的互鉴互学；探索跨校选课、学分互认等合作模式，拓宽学生的学习渠道，提升教育教学质量。特别是对于一些高校薄弱或空白的学科领域，更需要通过资源整合，引进优质师资力量，完善实验实训条件，提升人才培养能力。

高校还要注重挖掘和利用校友资源，发挥其在人才培养、科学研究、社会

服务等方面的独特优势。广大校友深谙母校的办学理念和培养特色，熟悉行业发展动态和社会需求，是联系学校与社会的重要纽带。高校应搭建校友交流平台，定期举办校友论坛、返校活动等，加强与校友的沟通联络；建立校友信息数据库，完善校友服务体系，为校友成长发展提供支持；引导和鼓励校友参与学校建设，在人才引进、实习实践基地建设、捐资助学等方面给予支持，形成常态化的校友反哺机制。

在推进资源整合过程中，高校要坚持“引进来”与“走出去”相结合，既要广泛吸收社会优质资源，又要积极向社会输出智力成果和文化影响；既要立足自身特色和优势，又要主动对接经济社会发展需求，不断提升服务区域经济社会发展的能力和水平。只有不断拓宽资源整合的广度和深度，打造多方协同、互利共赢的合作格局，才能为校园文化建设和社会实践活动提供源源不断的动力，推动高校内涵式发展。

（二）成果展示

成果展示是校园文化与社会实践融合的重要环节，它不仅能够彰显活动的成效，更能够产生广泛的社会影响力。通过精心设计和策划，成果展示能够将学生在活动中的收获和感悟直观地呈现出来，引发社会各界对中华优秀传统文化传承与创新的关注与思考。

在成果展示的形式选择上，应充分考虑受众的特点和接受习惯，采用多样化、互动性强的展示方式。比如，可以举办主题鲜明的成果汇报会，邀请师生代表分享活动心得体会；也可以组织形式新颖的成果展览，通过图片、视频、实物等方式生动再现活动过程和亮点成果。此外，还可以充分利用新媒体平台，开设专题网页或公众号，及时发布活动信息和精彩瞬间，扩大成果展示的受众面和影响力。

成果展示的内容应聚焦活动主题，突出育人导向。一方面，要展现活动对学生综合素质提升的促进作用，如对学生人文情怀、家国情怀的培育，对学生创新意识、实践能力的锻炼等。另一方面，要凸显活动对中华优秀传统文化传承与创新的积极意义，如加深了学生对传统文化的理解和认同，激发了学生创新中华优秀传统文化的热情等。通过生动鲜活的案例和细节展示，让观众真切地感受到活动的育人成效和文化价值。

成果展示还应注重互动体验，提升观众的参与度和获得感。可以设置一些互动环节，如现场问答、体验活动等，让观众亲身感受中华优秀传统文化的魅力。同时，要重视观众的反馈和评价，虚心听取各方意见建议，及时调整和改进展示方式和内容，不断提升成果展示的质量和水平。

成果展示应与学校教育教学相结合，与社会主流价值观相契合。要注重挖掘活动中的教育元素，提炼对学生成长成才具有积极意义的价值观和理念，将其融入教育教学。同时，要紧跟社会发展步伐，关注社会热点问题，引导学生在传承中华优秀传统文化的基础上，探索创新发展之路，为社会进步贡献智慧和力量。

第三节　通过网络平台和新媒体传播中华优秀传统文化

一、网络平台在传统文化传播中的角色定位

（一）角色定义

从传播主体的角度来看，网络平台为中华优秀传统文化传播提供了更加广阔的空间。传统的文化传播主要依赖面对面的交流和实体载体，如口口相传、书籍、报刊等。而网络平台打破了时空限制，使得传统文化的传播者可以通过文字、图片、音视频等多种形式，将中华优秀传统文化的内容呈现给更多的受众。无论是专业的文化工作者，还是普通的文化爱好者，都能够通过网络平台参与传统文化的传播，成为文化传播的重要力量。

从传播内容的角度来看，网络平台有助于中华优秀传统文化内容的多元化呈现。中华优秀传统文化涵盖了丰富多彩的门类，如文学、艺术、哲学、宗教等。在网络平台上，这些内容都能够以更加生动、直观的方式展现出来。比如，传统文学作品可以通过电子书、有声读物等形式传播；传统艺术可以通过高清图片、虚拟展厅等方式展示；传统哲学思想可以通过短视频、动画等方式阐释。这种多元化的呈现方式，不仅能够满足不同受众的需求，也有利于吸引更多的人了解和接受中华优秀传统文化。

从传播效果的角度来看，网络平台能够实现中华优秀传统文化的精准推送和互动传播。借助大数据、人工智能等技术，网络平台可以根据用户的兴趣爱好、浏览习惯等，将中华优秀传统文化的内容精准推送给目标受众。这种个性化的推送方式，能够提高传播的精准度和有效性。同时，网络平台还提供了评

论、转发、点赞等互动功能，用户可以就感兴趣的中华优秀传统文化内容进行交流讨论，分享自己的见解和感悟。这种互动传播不仅能够增强用户对中华优秀传统文化的认同感和参与感，也有利于中华优秀传统文化的创新发展。

（二）角色演变

早期，网络平台更多地被视为一种辅助性的传播渠道，主要用于扩大中华优秀传统文化的受众范围，增强其影响力。然而，随着互联网技术的飞速发展和网民规模的不断扩大，网络平台逐渐成为人们接收信息、交流互动的主要阵地。在此背景下，网络平台在中华优秀传统文化传播中的地位也日益凸显，由辅助工具转变为传播的主流媒介。

这一角色转变带来了中华优秀传统文化传播方式的深刻变革。以往，中华优秀传统文化的传承主要依托口耳相传、典籍记载等方式，传播范围有限，时效性较差。而网络平台的出现，打破了时空限制，使得中华优秀传统文化的传播更加便捷、高效。通过文字、图片、音频、视频等多媒体形式，中华优秀传统文化的内容可以随时随地触达广大受众，极大地拓展了其影响力。同时，网络平台还为中华优秀传统文化的创新发展提供了广阔空间。在与网民的互动交流中，中华优秀传统文化不断吸收新的元素，焕发出新的生机与活力。

网络平台作为中华优秀传统文化传播的主流媒介，不仅改变了传播方式，也对传播内容产生了重要影响。在网络时代，人们对中华优秀传统文化的需求呈现多样化、个性化的特点。为了满足受众的差异化需求，网络平台上的中华优秀传统文化内容也日益丰富，涵盖了文学、艺术、哲学、历史等多个领域。与此同时，网络平台还促进了中华优秀传统文化的创造性转化和创新性发展。许多网络创作者立足传统，融入现代元素，创作出一大批富有时代气息的文化作品，让中华优秀传统文化焕发出新的魅力。

网络平台在成为中华优秀传统文化传播主渠道的同时，也面临着一些挑战和问题。海量信息的汇聚易导致传统文化内容被淹没，甚至出现以讹传讹、断章取义等失真现象。一些网络平台过度追逐流量，片面迎合大众口味，导致庸俗化内容泛滥，对中华优秀传统文化的传承造成负面影响。此外，网上交流的虚拟性也使得中华优秀传统文化在一定程度上失去了其本真意蕴和人文内涵。

面对这些问题，我们必须高度重视网络平台在中华优秀传统文化传播中的责任与担当。作为主流媒介，网络平台应该加强内容质量把控，优化推荐机制，让中华优秀传统文化内容脱颖而出。同时，还要加强网民的引导和教育，提升其文化鉴赏力和辨识力，自觉抵制不良内容。此外，线上线下传播渠道的有机结合也尤为重要。通过开展丰富多彩的线下文化活动，可以让网民在现实场景中更直观、更立体地感受传统文化的魅力，从而升华其情感体验。

（三）角色重要性

中华优秀传统文化是民族历史发展的结晶，凝聚着先人的智慧和精神追求。然而，在现代社会的变迁中，许多优秀的传统文化面临着失传、断层的危机。年青一代对中华优秀传统文化的认知和感悟日益淡薄，文化自信和民族认同感有所削弱。在这样的背景下，通过网络平台唤起全社会对传统文化的重视和热爱，对于中华优秀传统文化的传承和发展至关重要。网络平台能够突破时空限制，将中华优秀传统文化的精髓以生动、鲜活的形式呈现在广大受众面前，激发他们探索和学习的兴趣。

网络平台的互动性和参与性，为中华优秀传统文化注入了新的活力。在网络空间中，人们可以自由地表达对中华优秀传统文化的理解和感悟，分享彼此的见解和体会。这种交流互动不仅能够加深对中华优秀传统文化的认识，更能够碰撞出新的思想火花，促进传统文化的创新发展。通过网络平台，传统文化不再是一成不变的存在，而是在与现代社会的对话中不断焕发出新的生机。

网络平台还为中华优秀传统文化的传播提供了更加多元、立体的渠道。借助文字、图片、音频、视频等多种表现形式，中华优秀传统文化的内涵和魅力能够被更加生动、直观地呈现。人们可以通过网络平台欣赏传统艺术的精湛表演，聆听国学大师的深邃讲解，参与传统节日的在线庆祝活动。这种沉浸式的文化体验，能够引发受众的情感共鸣，增强他们对中华优秀传统文化的认同感和归属感。

网络平台还是中华优秀传统文化“走出去”、影响世界的重要窗口。通过网络平台，中华优秀传统文化能够跨越国界，与世界各国的优秀文化展开对话交流。这不仅有助于增进不同文明之间的相互理解和包容，也能够提升中华优秀传统文化在国际舞台上的影响力和话语权。让世界认识和欣赏中华优秀传统文化的独特魅力，是网络平台在文化传播中肩负的重要使命。

二、新媒体技术在传统文化传播中的应用

（一）多媒体技术

多媒体技术则能够通过文字、图像、音频、视频等多种形式，生动、立体、全面地展现中华优秀传统文化的内涵和神韵。

以动画片《画江湖之不良人》为例，该作品通过精良的视听语言，将中国古典美学、武侠精神、儒家思想等传统文化元素巧妙地融入动画情节。一方面，精美的国风画面、悠扬的古典音乐营造出浓郁的文化氛围，带给观众身临其境之感；另一方面，动画中蕴含的侠义精神、担当意识又引发观众深入思考，唤起其文化认同感。这种创新的表现形式有效地吸引了年青一代的目光，让传统文化焕发新的生机与活力。

多媒体技术在中华优秀传统文化遗产的数字化保护与传承中也发挥着关键作用。以敦煌莫高窟为例，利用数字化采集、三维重建等技术，研究者建立起洞窟的数字模型，细致地记录下壁画、彩塑的真实状态。这不仅为珍贵文物提供了可靠的保护，更让普通民众通过虚拟现实等方式身临其境地感受敦煌艺术的震撼，大大拓宽了文化传播的路径。而这一切，离不开多媒体技术的支持。

在现代教育领域，多媒体技术同样成为中华优秀传统文化进校园的得力助手。传统的文化教育往往以课堂讲授为主，学生被动接受知识，容易产生枯燥乏味之感。而通过多媒体课件、交互式游戏等形式，教师可以将抽象的文化知识转化为生动直观的音像画面，激发学生的学习兴趣。同时，多媒体技术还能营造沉浸式的文化体验，如利用虚拟现实技术重现古代场景，让学生身临其境地感受传统文化的魅力。这种寓教于乐的方式，能够潜移默化地加深学生对中华优秀传统文化的理解和喜爱。

随着5G、人工智能等新兴技术的发展，多媒体技术在中华优秀传统文化传播中的应用空间将更加广阔。一方面，更快的网络传输速度和更强大的数据处理能力，能够支撑起更加精美、复杂的文化呈现形式，带给受众全新的视听体验；另一方面，人工智能技术的介入，也将催生出一批既符合传统文化内核，又紧跟时代步伐的文创产品，让传统文化“活”起来、“火”起来。可以预见，未来将涌现更多像《画江湖之不良人》那样的文化精品，吸引年青一代重新发现和热爱中华优秀传统文化的独特魅力。

（二）社交媒体平台

在社交媒体平台上，高校可以通过创建官方账号，定期发布与中华优秀传统文化相关的心理健康教育内容。这些内容可以包括古代哲学家的人生智慧、传统美德的当代价值、经典诗词的心理疗愈作用等。通过生动形象的文字、图片、短视频等形式，将深奥的传统文化知识转化为易于接受和理解的内容，激发大学生的兴趣和共鸣。同时，官方账号还可以与学生进行实时互动，及时回应他们的心理困惑和疑问，增进师生之间的沟通和理解。

高校还可以鼓励专业教师和学生利用个人社交媒体账号，参与中华优秀传统文化与心理健康教育的传播。一方面，教师可以将自己的研究成果和教学经验与大学生分享，引导他们从中华优秀传统文化中汲取心理健康的养分。另一方面，学生也可以通过社交媒体记录和反思自己的成长历程，展示中华优秀传统文化在心理发展中的积极作用。通过师生的共同参与，营造全员育人的良好氛围。

社交媒体平台还为开展线上心理健康教育活动提供了广阔空间。高校可以策划以中华优秀传统文化为主题的线上心理健康节、微课程、专题讲座等活动，邀请专家学者、文化名人进行在线交流和指导。这些活动不仅能够拓宽学生的文化视野，增强其文化自信，还能够引导他们在传统智慧中找到心理困境的解决之道，提升心理调适能力。此外，社交媒体也为学生提供了展示自我、交流分享的平台。高校可以组织中华优秀传统文化与心理健康主题的征文、摄影、短视频等竞赛活动，鼓励学生创作优秀作品，在同伴中产生示范效应。

（三）移动应用

移动应用具有便捷性、交互性、个性化等特点，能够满足用户随时随地、按需获取文化信息的需求。通过移动应用，用户可以方便地浏览中华优秀传统文化相关的文章、图片、音视频等内容，了解中华优秀传统文化的历史渊源、精神内涵和时代价值。同时，移动应用还可以通过游戏、问答、打卡等互动形式，增强用户参与中华优秀传统文化传播的积极性和主动性。

在移动应用的开发和设计中，应当充分考虑用户的个性化需求和使用习惯。针对不同年龄、职业、兴趣爱好的用户群体，开发多样化、差异化的传统文化应用，提供个性化的文化服务。例如，面向青少年用户，可以开发寓教于乐的中华优秀传统文化游戏应用，通过趣味性的互动设计，引导其了解和喜爱传统文化；面向成年用户，可以开发中华优秀传统文化知识库应用，提供系统、权威的中华优秀传统文化资源，满足其深入学习的需求。

移动应用传播中华优秀传统文化，还需要注重内容的创意策划和价值引导。在移动应用中，应当精心挖掘和遴选中华优秀传统文化元素，如传统节日、民俗礼仪、戏曲音乐、书法绘画等，通过创意策划，将其转化为贴近现代生活、易于接受和传播的文化符号和文化产品。同时，移动应用还应当发挥价值引领作用，弘扬传统文化中的优秀思想观念和道德规范，如忠孝仁义、礼义廉耻等，引导用户树立正确的价值观和道德观。

移动应用传播中华优秀传统文化，还需要重视用户体验和传播效果的评估。通过数据分析和用户反馈，及时了解用户对传统文化应用的使用情况和满意度，优化应用功能和内容设计，不断提升用户黏性和传播影响力。同时，还需要与社交媒体平台紧密结合，利用社交网络的裂变式传播，扩大中华优秀传统文化应用的受众范围和影响力。

三、网络平台与新媒体的整合传播策略

（一）整合传播模式

具体来说，中华优秀传统文化与心理健康课程可以从以下几个方面展开：首先，课程应系统梳理中华优秀传统文化中的心理健康思想，帮助学生了解这些思想的核心内涵和现实意义。其次，课程应结合案例分析，讨论中华优秀传统文化智慧在现实生活中的应用。例如，通过分析古代君子的处世之道，引导学生在面对压力和挫折时保持乐观积极的心态；又如，通过解读《金刚经》的智慧，指导学生正确对待得失，培养豁达开朗的胸襟。再次，课程还应设计一些体验式的教学活动，让学生在实践中感悟传统文化的魅力。例如，通过茶禅一味、香道体验等活动，引导学生静心冥想，感受内心的宁静与祥和。

在开设中华优秀传统文化与心理健康课程时，要注重传统与现代的融合，古为今用。一方面，要立足传统文化的精华，挖掘其中的心理健康智慧；另一方面，要结合现代心理学的研究成果，用科学的眼光审视和诠释传统文化。只有二者相互补充、相得益彰，才能真正发挥中华优秀传统文化在心理健康教育中的独特作用。此外，课程还应关注学生的接受程度和实际需求，采用灵活多

样的教学方式，提高课程的针对性和实效性。

（二）协同传播机制

1．整合各类网络平台和新媒体资源，实现优势互补、协调联动

一方面，高校可以借助官方网站、微博、微信公众号等平台，系统性地传播中华优秀传统文化的精髓，引导大学生树立正确的人生观、价值观。通过设置专题栏目、推送原创文章、开展线上互动等方式，不断增强中华优秀传统文化的吸引力和感染力。另一方面，高校还应充分利用新媒体技术的优势，创新中华优秀传统文化的呈现方式。比如，可以运用虚拟现实、增强现实等技术，开发沉浸式的中华优秀传统文化体验项目，让大学生身临其境地感受中华优秀传统文化的魅力；又如，可以借助短视频平台，鼓励大学生创作中华优秀传统文化主题的原创作品，在潜移默化中加深对中华优秀传统文化的理解和认同。

2．加强各平台之间的信息共享和联动互通

高校可以搭建中华优秀传统文化资源库，汇聚优质的教育资源，实现跨平台的共享和推送。同时，要建立统一的内容审核和把关机制，确保传播内容的积极向上、导向正确。各平台之间还应加强互动与协作，形成立体化、多维度的传播矩阵。比如，官方网站可以作为权威信息发布的主阵地，微博、微信则侧重于与学生的互动交流，短视频平台专注于原创内容的生产传播。通过有计划地协调和联动，各平台优势互补、相互配合，形成良性互动。新媒体技术固然是传承创新中华优秀传统文化的有力载体，但它不仅仅是单向的信息传递过程，而应该是教育者和学生之间双向互动、交流共鸣的过程。高校要善于运用新媒体平台搭建师生交流的桥梁，鼓励学生参与话题讨论、分享心得体会，在平等对话中引导学生深入思考中华优秀传统文化的当代价值，探讨中华优秀传统文化与现代生活的融合之道。还可以开展一些中华优秀传统文化相关的问答比赛、情景模拟，增强互动的趣味性和参与感，激发学生主动学习、践行传统文化的热情。这种深入的交互，将引导大学生把中华优秀传统文化真正内化为精神追求，外化为行为实践。

3．建立融合创新的中华优秀传统文化传播内容

高校要立足大学生的认知特点和接受习惯，对中华优秀传统文化的内容进

行创造性转化。应将博大精深的传统文化以通俗易懂、贴近生活的方式呈现，增强亲和力和感染力。比如，可以将抽象的伦理思想总结提炼为鲜活的人生哲理，将深奥的古文经典转化为精短的励志箴言，让中华优秀传统文化在潜移默化中浸润学生心田。另外，在内容建设中，还要注意挖掘中华优秀传统文化中蕴含的心理健康教育资源。像中庸之道、知足常乐等思想，都可以为大学生情绪管理、压力应对提供有益启示。通过深度发掘和融会贯通，既能增强中华优秀传统文化传播的针对性、实效性，又能丰富拓展心理健康教育的内涵。

（三）资源共享策略

1. 建立开放共享的资源库

中华优秀传统文化内容提供者，如博物馆、图书馆、非物质文化遗产传承人等，应积极开拓数字化馆藏资源，建设线上展厅和数据库。同时，鼓励互联网企业、社会组织参与资源库建设，注重征集网民创作的优秀传统文化内容。在技术层面，要运用大数据、云计算等现代信息技术，提升资源检索、调用、共享的便捷性。通过构建开放互联、多方参与的中华优秀传统文化资源库，打通资源共享的“最后一公里”。

2. 统一资源描述标准

中华优秀传统文化资源的多样性和复杂性，对元数据描述提出了更高要求。统一的描述规范不仅有利于资源管理，更能促进跨平台、跨媒体的无缝对接。描述规范应涵盖资源的类型、内容、形式、权属等多个维度，兼顾专业性和通用性。此外，元数据描述中还应嵌入传统文化的时空背景、人物关系等语义信息，为智能化检索和关联分析奠定基础。只有形成规范统一、语义丰富的资源描述体系，才能真正实现优质传统文化资源的精准共享。

3. 协同内容生产机制

网络平台和新媒体蕴藏着大量分散的文化创作力量，通过协同机制可以将这些力量汇聚起来，创作出更多优质内容。例如，组织跨平台联合创作项目，邀请不同领域的专家学者、文化工作者、网络意见领袖等共同参与内容生产；又如，发起面向全民的征集活动，鼓励普通民众分享家乡的优秀传统文化故事。协同生产不仅能够极大丰富共享资源，还能引导社会公众参与中华优秀传统文化传承，提升文化自信和认同感。

4. 建立健全资源共享的激励和约束机制

合理的激励政策，如对优质资源的创作者给予物质奖励、荣誉表彰，能够调动各方参与共享的积极性。而科学的约束机制，如建立资源审核和动态更新机制，则有助于提升共享资源的规范性和时效性。此外，还应重视知识产权保护，平衡开放共享与权益保障的关系，形成规范有序、可持续发展的资源共享生态。

四、中华优秀传统文化传播内容的创意与创新

（一）内容创意设计

中华优秀传统文化博大精深，内容丰富多样。如何从浩如烟海的文化典籍中选取最具代表性、最能体现民族智慧结晶的内容，是进行创意设计的首要任务。这就要求我们深入挖掘传统文化的精髓，提炼其中蕴含的人生哲学、价值理念、道德规范等思想内核，并将其与当代大学生的生活实际和情感需求相结合，使之成为引导大学生成长成才的精神营养。同时，还要注重内容的时代性和趣味性，用新颖活泼的形式呈现中华优秀传统文化的内涵，增强其对当代青年的吸引力和感染力。

内容创意设计还需要考虑传播对象的特点和接受心理。当代大学生思维活跃，兴趣广泛，但也存在一定的功利性和浮躁性。因此，在设计中华优秀传统文化传播内容时，要充分利用大学生求新求异的心理特点，以新颖独特的视角解读中华优秀传统文化，激发其探究欲望和求知热情。同时，要紧密结合大学生的学习生活实际，将中华优秀传统文化的内涵体现在具体的案例和情境中，引导其在潜移默化中接受传统文化的熏陶，内化为自身修养和行为品质。

内容创意设计还要体现中华优秀传统文化的人文关怀和德育功能。中华优秀传统文化高度重视个人修养和道德养成，强调以德立身、以德服人。在设计传播内容时，要充分彰显中华优秀传统文化的育人功能，挖掘其中蕴含的道德理念和行为规范，引导大学生将个人发展与家国情怀相结合，将个人理想与社会责任相统一，培养其高尚的道德情操和强烈的社会担当。

随着信息技术的迅猛发展，内容创意设计也必须与时俱进，充分运用新媒

体手段，拓宽中华优秀传统文化传播的新路径。通过微视频、H5、话题讨论等互动性强、参与度高的形式，让中华优秀传统文化“活”起来，让大学生在参与中感悟中华优秀传统文化的魅力，在互动中加深中华优秀对传统文化的理解。同时，还要善于利用大数据技术，精准分析大学生的兴趣爱好和接受习惯，有的放矢地开展个性化、定制化的内容创意，提高传播的针对性和实效性。

优秀的内容创意设计是中华优秀传统文化传播的灵魂所在。它需要传播者具有深厚的文化素养、敏锐的洞察力和丰富的创意思维。只有不断创新传播内容和形式，用心用情讲好中华优秀传统文化的故事，才能引起当代大学生的情感共鸣，唤起其文化自觉和民族自信。这既是加强高校心理教育的题中应有之义，也是中华民族伟大复兴的必然要求。通过内容创意设计，我们完全可以让中华优秀传统文化在新时代绽放出更加夺目的光彩，成为滋养当代大学生心灵、引领社会进步的不竭动力。

（二）创新传播形式

多媒体技术的广泛应用为中华优秀传统文化传播提供了新的可能。通过动画、视频、虚拟现实等形式，中华优秀传统文化的内涵可以被生动、直观地呈现。这种沉浸式的体验方式能够吸引受众的注意力，激发其探索中华优秀传统文化的兴趣。同时，多媒体技术还能够突破时空限制，将中华优秀传统文化的魅力传递给更广泛的受众群体。

社交媒体平台的兴起也为中华优秀传统文化传播开辟了新的渠道。借助微博、微信、短视频等平台，中华优秀传统文化可以以更加互动、参与的方式与受众进行交流。通过话题讨论、挑战赛等形式，受众能够主动参与中华优秀传统文化的传播，增强其文化认同感和归属感。同时，社交媒体平台还能够实现精准化传播，根据受众的兴趣特点推送相关内容，提升传播的针对性和有效性。

移动应用的发展为中华优秀传统文化传播提供了新的载体。通过开发寓教于乐的文化类游戏、提供在线学习课程、建设数字化文化资源库等方式，中华优秀传统文化的内容可以被灵活地嵌入移动应用。这种碎片化、便捷化的传播方式更加符合当代人的生活节奏和阅读习惯，有助于拓宽中华优秀传统文化的受众群体，特别是吸引青少年一代的关注。

创意设计和文创产品的开发是中华优秀传统文化传播的另一重要路径。将中华优秀传统文化元素与现代审美相结合，开发出兼具文化内涵和时尚气息的文创产品，能够增强中华优秀传统文化的吸引力和感染力。这些富有创意的文创产品不仅能够满足人们的精神文化需求，更能够走进人们的日常生活，成为传播中华优秀传统文化的载体。

当然，中华优秀传统文化的创新传播不能脱离其本源，而应该在继承和弘扬的基础上不断推陈出新。要立足中华优秀传统文化的精髓，提炼其中的价值理念和道德规范，用现代人能够接受的方式加以阐释和传递。只有在传承与创新中找到平衡，才能让中华优秀传统文化焕发出新的生机与活力。

（三）文化元素融合

文化元素的融合是中华优秀传统文化创新传播的重要途径。在新媒体时代，我们有更多机会和手段将中华优秀传统文化的精髓融入现代传播形式中，赋予其新的生命力和时代意义。这种融合不是简单的拼凑或堆砌，而是要深入挖掘中华优秀传统文化的内在价值，从现代人的审美需求和认知特点出发，创造性地进行转化和表达。比如，我们可以利用数字技术手段，将中华优秀传统文化中的经典形象、故事、音乐等元素数字化，制作成生动有趣的动画、游戏、短视频等形式，吸引年青一代的注意力。而在内容上，则要避免简单的说教和灌输，而是通过讲述传统美德背后的故事，揭示中华文化的人文内涵和哲学智慧，引发受众的情感共鸣和价值认同。

文化元素的跨界融合也是一种有益尝试。将中华优秀传统文化与流行文化、时尚元素相结合，能够擦出别样的火花。诸如在服装设计中融入传统图案和色彩，在现代音乐中采用民族乐器和曲调，在建筑设计中糅合传统风格和现代材料，这些都是中华优秀传统文化创新表达的生动例证。跨界融合不仅能够拓宽中华优秀传统文化的传播渠道，还能创造出新的文化业态和消费热点，提升中华优秀传统文化的产业价值和社会影响力。

在进行文化元素融合时，我们要始终坚定文化自信，保持中华中华优秀文化的根本性格和价值取向。对中华优秀传统文化要秉持开放包容的态度，吸收借鉴其他优秀文明成果，但决不能本末倒置，丢失了自身的文化特质。同时，我们也要警惕过度商业化倾向，避免对中华优秀传统文化进行简单化、庸俗化的处理，导致其内涵被稀释和扭曲。

第五章　中华优秀传统文化在高校心理咨询与辅导中的应用

第一节　中华优秀传统文化与心理咨询理念的融合

一、中华优秀传统文化与心理咨询理念的共通点

（一）文化与心理的交会

从哲学基础来看，中华传统文化强调“天人合一”“身心一体”的整体观，认为人的身心是一个不可分割的统一体，外在环境与内在心理相互影响、彼此交融。这一理念与现代心理咨询中的“生物—心理—社会”医学模式不谋而合。在心理咨询过程中，咨询师不仅要关注来访者的心理状态，还要考虑其生理健康和社会环境因素，采取整体性的综合干预。中国传统哲学智慧为心理咨询实践提供了理论支撑，有助于建立“全人”视角，提升心理咨询工作的针对性和实效性。

从思维方式来看，中华优秀传统文化推崇“中庸”思想，主张对立统一、阴阳平衡，强调事物的辩证性和发展性。这与心理咨询中的系统论范式有许多共通之处。在心理咨询过程中，咨询师往往站在第三方的立场上，客观分析来访者面临的矛盾冲突，运用中庸辩证的思维方式，在对立统一中寻求平衡，在发展变化中把握规律，引导来访者透过现象看本质，在纷繁复杂的心理问题中厘清头绪，找到解决问题的新路径、新方法。中国传统哲学智慧能够启迪心理咨询人员的思维，增强其分析问题、解决问题的能力。

从人性观来看，中华优秀传统文化高度重视人的精神境界和道德品质，强调以仁爱、正直、诚信、自律等优秀品德来修身养性，实现人格的完善和升华。这些理念对于心理咨询工作极具启示意义。在心理咨询过程中，咨询师不仅要帮助来访者解决心理问题，缓解情绪困扰，更要注重来访者品德的培育和人格的健全发展。通过传统美德的熏陶和价值观的引导，唤起来访者心中向善向上的力量，激发其自我认知、自我成长的潜能，最终实现身心的和谐统一、人格

的健康完善。传统文化中的人性观念是心理咨询人员进行价值引领、助人自助的重要资源，对于提升心理咨询工作的内涵品质具有重要作用。

从方法论来看，中华优秀传统文化博大精深，积淀了诸多行之有效的心理调适方法，如儒家的“正心诚意”、道家的“心斋坐忘”、佛家的“明心见性”等，这些方法强调个体通过自我修养、自我反思来净化心灵、提升境界，与现代心理咨询中的内省疗法、认知疗法等不谋而合。传统调适方法往往寓哲理于方法之中，通过冥想、默想等形式，引导人们觉察自我、反思自我，在对自我的觉知中获得心灵的宁静和超越。这对于开展心理咨询工作极具启发意义。咨询师可以借鉴传统调适方法的精华，将之与现代咨询技术相结合，开发富有中国特色、符合中国国情的本土化心理咨询模式，切实增强心理咨询的文化韧性和实践效能。

（二）人际关系处理的共性

中华优秀传统文化与心理咨询理念在人际关系处理上有着许多共通之处。传统文化中的诸多思想，如“仁者爱人”“推己及人”“己所不欲，勿施于人”等，都蕴含着以同理心对待他人、设身处地为他人着想的智慧。这与现代心理咨询中倡导的换位思考、共情理解不谋而合。在心理咨询过程中，咨询师需要努力理解来访者的处境和感受，站在来访者的角度思考问题，给予真诚的关怀和支持。这种具有同理心的态度，有助于营造安全、信任的咨询关系，使来访者感到被理解和接纳，从而敞开心扉，勇于面对和解决问题。

中华优秀传统文化注重人际和谐，强调“亲仁善邻”“兄弟和睦，朋友信谊”的处世之道。在家庭、社区等场域中，个人往往通过承担责任、互帮互助来维系紧密的人际网络，获得归属感和安全感。这一思想与心理咨询中重视人际支持系统的建设不谋而合。心理咨询认为，良好的社会支持有助于缓解压力、增强心理韧性。因此，咨询师常常鼓励来访者积极寻求家人、朋友的理解和帮助，或为其建立互助小组等支持性资源。这既是解决当前问题的需要，也有利于提升来访者未来应对挑战的能力。

中华优秀传统文化中的“克己复礼”“修身养性”等理念，强调个人应通过道德修养、自我完善来塑造高尚品格，进而实现人际关系的和谐。这一内省式的人格培育路径，与心理咨询中的自我认识和自我成长理念有异曲同工之妙。心理咨询强调，个人应勇于直面内心，探索自我，在自我觉察的基础上实现转变和提升。这既包括觉察和管理自身情绪，又包括反思和修正不合理的信念和行为模式。可以说，自我修养是优化人际关系的重要前提。唯有不断提升自我，方能在人际交往中散发魅力，赢得他人好感与尊重。

（三）心理健康观念的融合

中华优秀传统文化博大精深，其中饱含着丰富的心理健康思想和心理调适智慧。儒家强调“修身养性”，主张通过自我省察、自我约束来实现身心和谐；道家讲究“清心寡欲”，认为淡泊宁静、顺应自然是保持心理平衡的根本；佛教倡导“诸行无常”，启示人们以平常心看待人生起落。这些思想无不体现出传统文化对个体身心健康的重视，对心理自我调节能力的强调。而在现代心理咨询领域，人本主义、存在主义等流派同样强调人的主观能动性，认为改善心理状况的关键在于唤醒个体的内在潜能，实现自我成长。由此可见，无论是中华传统文化，还是现代心理咨询理念，都把个体作为心理健康的主体，注重发挥人的主观能动性，这是两者殊途同归的重要契合点。

在现代心理咨询实践中，许多技术和方法能从中华优秀传统文化中找到对应的概念和思路。正念冥想强调意识集中、内心平和，这与佛家的禅修体验有相通之处；叙事治疗要求个体重新诠释自己的人生故事，这与儒家的“知耻近乎勇”一脉相传；森田疗法提倡顺其自然、宽容自我，这正是道家思想的精髓所在。可以说，现代心理咨询的许多理念和方法，都能在中华优秀传统文化中找到思想渊源和实践基础。挖掘传统文化中的心理健康资源，对于丰富和发展心理咨询手段，具有重要的启示意义。

中华优秀传统文化与现代心理咨询理念的融合，不仅有助于提升心理咨询的文化适切性，更能为当代大学生的心理健康教育提供新的视角和路径。一方面，中华优秀传统文化中的修身理念、淡泊情怀可以帮助大学生树立正确的人生观和价值观，增强他们抵御各种心理困扰的能力；另一方面，将传统智慧与现代咨询技术相结合，能够创新心理健康教育的内容和形式，增强其吸引力和有效性。比如，在心理团体辅导中融入中华优秀传统文化元素，通过穿汉服、品茶道、习太极等活动，营造宁静祥和的氛围，引导学生体悟传统智慧，获得身心愉悦体验；在个别咨询中借鉴叙事治疗理念，引导学生用积极正面的视角重新解释生命故事，重塑自我认同。诸如此类将中华优秀传统文化融入心理咨询的方法，在当代高校心理健康教育实践中正在不断涌现。这些新颖而有成效的尝试，充分说明了中华优秀传统文化与现代心理咨询理念融合的可行性和必要性。

二、传统文化对心理咨询理念的启示

（一）传统文化中的心理调适智慧

中华优秀传统文化蕴含着丰富的心理调适智慧，为现代心理咨询工作提供了宝贵的理论资源和实践指导。这些智慧深深植根于中国传统哲学、文学、艺术等领域，反映了中华民族几千年来对人性、人生、社会的深刻洞察和精妙阐释。

中华优秀传统文化中的诸多思想，都蕴含着化解心理矛盾、疏导情感压力的深刻智慧。有些思想强调以“仁”作为处世原则，主张“己所不欲，勿施于人”，倡导通过自我修养和人际和谐来获得内心的平安。这一思想可以帮助个体正确认识和对待自我，学会换位思考，化解人际冲突，获得社会支持，从而更好地适应环境、调节情绪。有些思想则强调“道法自然”，主张顺应客观规律，保持心灵的空明澄澈。面对人生的种种变故，有些思想智慧告诉我们要学会超脱，不过度执着于外物，时刻保持心灵的平和与豁达。这种淡定从容的心态，有助于个体在逆境中保持乐观向上的精神状态，化解心理危机。有些思想将解除心理之苦作为终极追求，创造了恢宏的心理调适理论体系。有些思想认为，人生皆苦，苦恼的根源在于无明和执着。因此，个体要想获得内心的安宁，就必须洞察世事无常的本质，放下执念，用平等慈悲的心态对待自他。这一思想与现代心理学强调认知重构、情绪管理不谋而合。

中华传统文化中还有许多蕴含心理调适智慧的经典著作。这些著作从不同角度阐释了中国古人对心性修养的深邃思考，涉及自我认知、情绪管理、人际沟通等诸多主题，对现代心理健康教育大有裨益。

中华优秀传统文化博大精深，除了直接阐述心理调适之道的典籍，许多文学艺术作品也蕴藏着丰富的心理健康资源。例如，屈原《离骚》通过香草美人的隐喻抒发忧国忧民之情，表达了在逆境中对理想的执着追求；陶渊明《归去来兮辞》则描绘了返璞归真的隐逸生活，抒发了淡泊宁静、与世无争的心境。这些经典篇章对于引导当代大学生正确看待个人理想与社会现实的矛盾，保持乐观进取又不急功近利的心态，具有积极的启示意义。

（二）传统文化对心理咨询伦理的影响

心理咨询作为一门融合了心理学、社会学、人类学等多学科知识的应用学科，其伦理建设不可避免地受到了中华优秀传统文化的熏陶。

有些传统文化强调“仁者爱人”，倡导以爱心、同情心对待他人。这一理念与心理咨询中的“无条件积极关注”不谋而合。心理咨询师秉持平等、尊重的态度，以真诚、温暖的心对待每一位来访者，给予其无条件地接纳和理解。这种“仁爱”的情怀是良好咨询关系建立的基础，也是心理咨询伦理的重要体现。

有些传统思想主张“道法自然”，强调顺应事物发展的客观规律，不妄加干预。这一理念启示心理咨询师要尊重来访者的主体性，相信其有能力找到适合自己的解决之道。咨询师不应强加自己的价值观，而应放下成见，以开放、包容的心态引导来访者探索内心，唤醒其内在的智慧和力量。这种“无为而治”的姿态体现了对生命的敬畏，是心理咨询伦理的重要内涵。

有些传统文化倡导“慈悲为怀”，强调对一切生命的悲悯之心。这一理念启发心理咨询师要秉持利他主义精神，将心比心地感同身受来访者的痛苦。咨询师要以宽厚、仁慈的胸怀接纳来访者的困惑和迷惘，传递希望和力量，助其走出心灵的阴霾。这种“慈悲”的情操是心理咨询职业的生命线，也是心理咨询伦理的根本要求。

中华优秀传统文化还强调“推己及人”“将心比心”的换位思考，这与心理咨询中的“共情”理念高度契合。心理咨询师要设身处地为来访者着想，以同理心感知、理解来访者的内心世界。唯有站在来访者的角度思考问题，咨询师才能找到打开其心灵大门的钥匙，才能更好地引导来访者觉察自我、认识自我、接纳自我，最终实现自我超越。

三、中华优秀传统文化与心理咨询理念的融合路径

（一）文化元素的融入

从价值理念层面看，中华优秀传统文化强调“天人合一”“身心合一”的整体观，认为人的身心是一个不可分割的统一体。这一理念与现代心理咨询所倡导的“生物—心理—社会”医学模式不谋而合。在实际咨询中，咨询师应当兼顾来访者的生理、心理和社会适应情况，运用整体性的视角分析问题根源，制定有针对性的干预策略。同时，有些观念等蕴含着人文关怀和生态系统理论的基本内核，为心理咨询营造温暖支持的氛围、构建和谐的咨询关系提供了文化基础。

将中华优秀传统文化元素融入心理咨询，需要在继承和创新中寻求平衡。一方面，咨询师要深入挖掘传统文化的精髓，提炼其中的心理健康理念和实践智慧，并将其与现代心理学理论相结合，形成具有文化特色的本土化咨询模式。另一方面，咨询师要根据来访者的实际情况和需求，灵活运用传统文化资源，避免简单照搬、生搬硬套。同时，高校应加强心理健康教育课程与传统文化课程的融合，引导学生从传统文化中汲取心理健康养分，增强文化自信和民族认同感。

（二）咨询技术的结合

从认知疗法的视角看，中国传统哲学中的多个概念与理论都可为其提供有益启示。例如，儒家的“五常”思想强调仁、义、礼、智、信的修养，这与认知疗法中的合理信念系统不谋而合。通过学习和内化儒家伦理，个体可以构建积极健康的认知模式，化解许多心理困扰。又如，道家“天人合一”的宇宙观，强调个体与自然的和谐共处，这可以帮助来访者调节情绪，获得内心的宁静与平和。再如，佛家“缘起性空”的智慧启示我们超越执着，看清痛苦的根源，这与认知疗法矫正非理性信念如出一辙。诸如此类，中华优秀传统文化中的智慧结晶可以与认知疗法深度融合，形成具有本土特色的心理咨询模式。

从人本主义疗法的角度看，中华优秀传统文化蕴含的人文关怀与人性观照，与这一流派异曲同工。老庄哲学推崇“无为”之道，强调个体回归自然，超越名利得失，这与人本主义疗法倡导的自我实现理念高度契合。儒家经典《大学》开篇即指出“大学之道，在明明德，在亲民，在止于至善”，体现了成己成人、内圣外王的理想人格追求，这与人本主义疗法提倡的“充分功能的人”有异曲同工之妙。将中华优秀传统文化中的人文精神引入咨询，能帮助来访者确立积极正面的人生态度和价值观念，激发内在潜能，实现自我成长。

从家庭治疗的视角看，中华优秀传统文化中的家庭伦理思想可以为其实践提供丰富滋养。我国自古就有“家和万事兴”的朴素智慧，儒家的“孝道”思想、《礼记》的“五伦”学说都对家庭关系进行了深刻阐发。在家庭治疗中引入这些理念，可以帮助成员厘清彼此角色，认识到个体与家庭的辩证关系，化解代际冲突，重塑良性互动。同时，传统家风家训中蕴含的优秀道德规范，也可以为家庭成员树立行为准则，规范言行举止。将传统家庭伦理融入咨询，能增强治疗的针对性和实效性。

（三）理念的相互补充

从精神内核来看，中华文化注重修身养性、自我省察，强调通过内在修养来达致身心和谐。这与现代咨询理念中的自我觉察、内省等不谋而合。中华优秀传统文化中的许多哲学思想，都蕴含着化解心理冲突、获得心灵宁静的智慧。将这些思想运用到心理咨询中，能帮助个体认识自我、接纳自我，最终实现自我超越。

中华优秀传统文化还十分重视人际关系的和谐，强调个人应融入群体，履行社会责任。这一点与现代咨询理论中的人本主义取向不谋而合。人本主义咨询强调个体的主观体验和成长需求，主张咨询师应以平等、真诚、同理心的态度对待来访者，帮助其发掘内在潜能，实现自我价值。这种以人为本的理念与中华优秀传统文化中的仁爱思想可谓异曲同工。在实践中，咨询师可以借鉴传统文化中的处世智慧，引导学生正确看待人际关系，学会换位思考，增强社会适应能力。

中华优秀传统文化还十分注重以积极乐观的心态面对人生困境，强调“祸福相倚”“塞翁失马”的智慧。这一点对于当代大学生的心理调适具有重要启示。在现实生活中，大学生难免会遇到各种挫折和困境，如学业压力、人际冲突、就业困难等。传统文化中的智慧能帮助他们以平和、豁达的心态看待得失，化压力为动力，激发生命潜能。咨询师可以在咨询过程中引入这些思想资源，帮助学生树立积极的人生观，增强挫折承受力。

需要指出的是，在借鉴中华优秀传统文化智慧的同时，心理咨询工作还需立足现实，关注当代大学生的特点和需求。现代社会变迁迅速，大学生面临的心理问题日益多样化和复杂化。因此，心理咨询不能简单照搬传统文化的处世之道，而应进行创新性的转化和应用。这就要求咨询师既要有深厚的文化底蕴，又要具备扎实的专业素养，能够灵活运用传统智慧，有针对性地开展心理健康教育。

（四）实践中的应用策略

心理咨询工作者应当深入学习和研究中华优秀传统文化，全面把握其中蕴含的心理调适智慧和价值理念。这需要咨询师不仅要熟悉儒家、道家等主流思想体系，还要了解中医学、文学艺术等多个领域的文化内涵。只有建立起扎实的文化根基，才能在咨询实践中游刃有余地运用传统智慧，找到与现代心理学理论的契合点。同时，咨询师还要注重中华优秀传统文化与个人成长经历的结合，在实践中不断丰富和深化自己的文化体悟，形成个性化的理解和应用方式。

心理咨询工作者要善于将中华优秀传统文化元素融入咨询技术和方法中。这既包括在语言表达、人际交往中体现文化特色，如使用富有文化底蕴的言语、恰当运用成语典故等，也包括在观念引导、行为训练中渗透传统智慧，如借助“天人合一”理念引导来访者正视人与自然的关系，运用中医“治未病”的思想指导其进行自我管理等。在技术应用中融入文化元素，不仅能增强咨询过程的亲和力，引发来访者的文化共鸣，更能使其在潜移默化中接受有益于心理健康的传统价值观，实现自我成长。

心理咨询工作者要注重理论创新，从传统文化中提炼出契合现代社会需求的新理念和新方法。传统文化博大精深，但其形成毕竟有其特定的时代背景。要将其应用于当下的心理咨询，就必须进行创造性转化。这就要求咨询师在继承传统精华的同时，以开放和批判的态度审视传统文化，从现代心理健康的视角重新诠释其内涵，提炼出具有当代意义的理念和方法。只有在传承中创新，在创新中发展，才能激活传统文化在心理咨询领域的生命力，实现其与现代社会的同频共振。

心理咨询工作者还要加强同行交流和个案研讨，在实践社群中探索中华优秀传统文化与心理咨询融合的有效路径。将中华优秀传统文化运用于咨询实践是一个全新的探索领域，不同的咨询师会有不同的理解和尝试。组织同行交流和案例分享，能够帮助咨询师拓展宽视野、启发思路，在彼此的实践智慧中找到新的灵感和方法。同时，通过个案研讨，咨询师还可以集思广益，从多个视角审视案例，共同探讨如何将中华优秀传统文化恰当地运用于咨询过程，提升理论应用的针对性和有效性。

第二节　中华优秀传统文化在心理咨询中的应用

一、传统文化技法在心理咨询中的应用

在个体情绪管理方面，中医学中的“五行学说”和“阴阳平衡论”为情绪调节提供了理论基础。通过引导来访者认识自身情绪特点，分析情绪失衡的原

因，运用“五行相生相克”的原理，调整情绪状态，达到阴阳平衡，个体的情绪管理能力就能得到有效提升。同时，中医学“天人合一”的整体观，强调人与自然环境的和谐统一，这一理念应用于心理咨询中，能够帮助来访者正确看待人与环境的关系，缓解因环境适应不良而产生的心理问题。

中国传统哲学中的“无为而治”思想，强调心理咨询师要尊重来访者的主体地位，充分调动其内在资源，激发其自我成长的潜力。这一理念应用于心理咨询过程中，能够转变传统的“问题解决”模式，让来访者在自我觉察和探索中获得成长。同时，“天行健，君子以自强不息”的儒家思想，鼓励个体不断进取、完善自我，这一理念应用于心理咨询中，能够帮助来访者树立积极进取的人生态度，克服心理障碍，实现自我价值。

在人际关系调适方面，儒家“仁爱”思想提倡“己所不欲，勿施于人”，强调换位思考、推己及人，这一理念应用于心理咨询中，能够引导来访者站在他人角度看问题，化解人际矛盾，构建和谐的人际关系。同时，儒家“礼”的思想强调人际交往中的恰当礼仪，这一理念应用于社交焦虑问题的心理咨询中，能够帮助来访者掌握人际交往的基本技巧，提升社交自信。

传统文化中的“修身养性”理念，强调通过内在修为的提升实现人格完善，这一理念应用于心理咨询中，能够引导来访者加强自我觉察，发现自身优势和不足，不断进行自我完善。同时，道家“大道至简”的思想启示我们，心理问题的解决途径往往简单直接，在心理咨询中，应当引导来访者直面问题本质，用简单有效的方式化解心理困扰，而非过度追求技巧和理论。

中华传统音乐、舞蹈、书法、绘画等艺术形式，蕴含着丰富的情感表达和美的熏陶，将其融入心理咨询过程中，能够帮助来访者抒发内心情感，陶冶性情，提升心理健康水平。例如，在抑郁症患者的心理咨询中，引导其欣赏抒情诗词、优美音乐，表达内心感受，能够有效缓解抑郁情绪。

二、传统节庆活动在心理咨询中的应用

（一）传统节庆活动的心理意义

从情感表达的角度来看，传统节庆活动为人们提供了宣泄情绪、抒发心情的渠道。在节日的欢庆氛围中，人们可以暂时放下生活的烦恼和压力，尽情享受欢聚的喜悦。无论是和家人团聚，还是与朋友聚会，都能让人感受到温馨和

幸福。这种积极的情感体验有助于缓解心理压力，促进身心健康。同时，节庆活动中的各种娱乐活动，如游戏、歌舞等，也能激发人们的正面情绪，带来愉悦和满足。

从心理寄托的角度来看，传统节庆活动承载着人们的美好愿望和心理诉求。每逢佳节，人们总会怀揣着对美好生活的向往，对未来的期许。这些美好的愿景寄托在节日的各种象征物中，如春节的对联、元宵节的花灯等。通过参与节庆活动，人们得以表达自己的心愿，寻求心灵的慰藉。这种心理寄托能够给人以希望和力量，帮助人们以更加积极乐观的心态面对生活。

从价值观培养的角度来看，传统节庆活动蕴含着丰富的文化内涵和道德理念。很多节日与传统美德密切相关，如重阳节的敬老爱老、中秋节的家庭团圆等。通过参与节庆活动，人们能够感悟中华民族的传统价值观，领会“仁、义、礼、智、信”等道德规范。这些价值理念潜移默化地影响着个体的人格塑造，引导人们形成正确的世界观、人生观和价值观。

传统节庆活动还能够增进人际交往，促进社会和谐。节日期间，人们走亲访友、互赠礼物，加深了彼此间的情感联系。这种人际互动不仅能够满足个体的归属需要，还能够增强社会凝聚力，营造和谐友爱的社会氛围。在参与节庆活动的过程中，个体也能够学会换位思考、体谅他人，培养良好的沟通和合作能力。

（二）节庆活动中的情感表达

在喜庆欢腾的节日氛围中，人们得以暂时放下生活的烦恼与压力，尽情释放积蓄已久的情感能量。无论是与家人团聚时的温馨感动，还是与朋友相聚时的欢声笑语，都让人感受到了生活的美好，获得了心灵的慰藉。

节日期间，人们通过参与各种丰富多彩的活动，如走亲访友、赏花观灯、猜谜游戏等，不仅拉近了彼此间的情感距离，更在潜移默化中加深了对传统文化的理解和认同。在与他人的互动交流中，个体逐渐学会表达自己的情感，体会他人的心情，从而提升了情商和社交能力。同时，节日也为人们提供了展示自我、实现自我价值的舞台。通过策划节目、参与表演等方式，个体得以充分展现自己的才华，获得他人的肯定与赞赏，从而增强了自信心和成就感。

传统节庆活动中蕴含的文化价值观，如重视亲情友情、崇尚团结互助等，也在无形中影响着个体的情感培育。人们在参与节日活动的过程中，耳濡目染地接受着这些传统美德，并内化为自己的价值追求，从而促进了健康人格的塑造。节日期间，家人朋友的关爱与支持，也让个体切身感受到了爱与被爱的快乐，增强了安全感与归属感。

（三）节庆活动对心灵寄托的作用

参与传统节庆活动，能够让个体暂时脱离日常的烦恼和压力，沉浸在欢乐祥和的氛围中。在这个过程中，个体能够感受到与他人的情感联结，体会到家庭和社会的温暖支持。这种归属感和被接纳感，是心理健康的重要基石。同时，许多传统节庆活动还蕴含着丰富的文化内涵和价值观念，如家庭团圆、感恩祝福等，能够引导个体形成积极向上的人生态度，增强其面对困境的心理韧性。

传统节庆活动中的许多元素，如红色装饰、吉祥图案、节庆美食等，都具有独特的心理暗示作用。这些视觉和味觉的刺激，能够唤起个体积极愉悦的情绪体验，缓解焦虑抑郁等负面情绪。一些节庆活动，如放孔明灯、赏花灯会等，更是为个体提供了抒发心愿、寄托希冀的载体。在这个过程中，个体能够得到心灵的净化和升华。

传统节庆活动的体验式、仪式感特点，还能够帮助个体完成心理成长的"通过仪式"。心理学研究表明，恰当的仪式感体验，能够帮助个体更好地实现角色转换、接纳自我成长。例如，许多节庆活动强调家人团聚、孝敬长辈，这能够帮助个体更好地认识和履行自己的家庭角色，促进其社会适应。

从心理咨询的角度来看，传统节庆活动不仅能够为心理咨询的开展提供重要的文化资源和话题线索，更能为来访者提供一个释放情绪、寻求慰藉的重要渠道。心理咨询师可以引导来访者利用节庆活动的独特资源，构建积极的应对方式和社会支持系统，增强其心理免疫力。通过鼓励来访者投入节庆活动的筹备和体验，咨询师还能够帮助其重塑自我角色认同，找到人生的意义和方向。

三、传统美德在心理咨询中的应用

（一）传统美德的核心内涵

从个体修身的角度来看，传统美德强调以德治身，以礼和人，注重个人品行的提升和人格的完善。忠，不仅意味着对国家和民族的忠诚，更意味着要忠于内心的良知，忠于自己肩负的责任。恕，则要求人们推己及人，将心比心，不戕害他人。忠恕相辅，方能修齐治平。而明礼，则要求个人言行举止都要合乎礼仪，尊重他人，不逾矩。诚信，更是立身之本，唯有诚实守信，方能赢得他人的尊重和信任。这些品格理念为人们的言行提供了基本遵循，有助于培养个人高尚的道德情操。

从人际交往的层面来看，中华传统美德为构建和谐的人际关系提供了基本准则。博爱强调仁爱之心、恻隐之心，教导人们要有宽广的胸怀，善待他人。而礼让、谦恭，则为人际交往确立了基本的行为规范。以礼待人，出以恭敬，遇事谦逊，不尚争执，这些为人处世之道，有利于化解人际矛盾，营造友善互助的人际氛围。倘若人人都能以传统美德要求自己，摒弃自私自利，彼此宽容、真诚相待，人际关系必将更加和谐融洽。

从社会治理的高度来看，弘扬传统美德对于引导社会风尚，维护社会秩序至关重要。诚信乃立国之本，唯有诚实守信，社会才能良性运转。当前，在社会转型期，一些失信行为时有发生，商业欺诈、学术造假等现象亟待遏制。而要重塑诚信，必须发挥传统美德的引领作用，营造“以诚待人，以信立身”的社会氛围。同时，明礼、恕道等观念，也有助于规范公民行为，引导人们遵纪守法，互相尊重。用传统美德滋养人心，必将减少许多社会问题，为构建平安祥和的社会奠定道德基础。

（二）传统美德在心理咨询中的应用方法

1. 传统美德可以为心理咨询提供独特的视角和思路

中华优秀传统文化注重修身养性、自我省察，强调个人应当通过自身的道德修养来实现身心的和谐统一。这一理念与现代心理咨询所倡导的自我觉察、自我成长不谋而合。心理咨询师可以引导来访者从传统美德的角度审视自我，反思内心深处的需求和冲突，进而找到心理问题的根源所在。同时，许多传统美德如中庸、忍让、宽恕等，都蕴含着智慧和哲理，可以启发来访者以更加开阔、包容的心态看待问题，化解心结。

2. 传统美德有助于营造良好的咨询关系和氛围

心理咨询的成败与咨询师和来访者之间能否建立起信任、平等、尊重的关系密切相关。而诚实守信、推己及人、与人为善等传统美德正是构建和谐咨询关系的基石。咨询师若能以诚相待、设身处地为来访者着想，必将赢得来访者的信赖和尊重。同时，中华优秀传统文化所推崇的温良恭俭让，也有利于营造温暖、舒适的咨询氛围，使来访者放松戒备，敞开心扉。

3. 传统美德可以丰富心理咨询的内容和方法

我国古代先贤在修身养性方面有着丰富的实践和思考，创造了诸如静坐冥想、情绪调节等有益身心的方法。将这些方法恰当地运用到心理咨询中，可以为来访者提供更加多元、贴近生活的干预手段。例如，面对焦虑不安的来访者，咨询师可以引导其尝试静坐冥想，感受内心的宁静；对于情绪失控的来访者，则可借鉴《中庸》“喜怒哀乐之未发谓之中”的思想，指导其学会情绪管理，保持心境的平和。

4. 传统美德有利于促进来访者的全面发展和自我实现

心理咨询不应止步于解决眼前的困扰，更应引导来访者学会自我成长，实现人生的意义和价值。而中华传统美德中蕴含的人文关怀和道德理想，正是引领生命成长的指路明灯。心理咨询师应当以传统美德为鉴，唤起来访者心中向善向上的力量，激励其不断完善自我，实现更高远的人生追求。

（三）传统美德对价值观塑造的影响

传统美德强调以仁爱之心对待他人，主张推己及人、将心比心。这一理念与心理咨询中的同理心不谋而合。咨询师唯有怀着真诚关爱的态度去倾听、去理解来访者的心声，才能建立良好的咨访关系，营造安全、信任的咨询氛围。同时，传统美德倡导“己所不欲，勿施于人”，强调换位思考、设身处地为他人着想。这有助于咨询师摒弃成见和偏见，以平等、尊重的姿态对待每一位来访者，做到因事而异、因人而异，给予个性化的帮助。

中华传统美德蕴含着深刻的生命智慧，强调以平和、豁达的心态对待人生起伏。面对困境和挫折，古人主张“行二仁之道”“达则兼济天下，穷则独善其身”，体现出崇高的人生境界和责任担当。心理咨询工作者可以借鉴这些思想，引导来访者以积极乐观的态度面对现实困难，在逆境中磨砺意志、升华心灵。同时，传统美德强调自省自律、慎独慎微，主张时刻保持警醒、防微杜渐。这对于来访者养成良好的行为习惯、提升自我管理能力大有裨益。

传统美德还强调“修身、齐家、治国、平天下”，指出个人修养与社会担当的内在关联。这启示我们，心理咨询不应局限于解决个体问题，更应着眼于塑造健全人格、提升生命质量，使个人获得全面而充分的发展。咨询师应鼓励来访者立足当下、放眼未来，在实现自我价值的同时肩负起应尽的社会责任。唯有个体修养和社会担当并重，人生才能达到更高境界，生命才能彰显更大意义。

第三节　中华优秀传统文化在危机干预与心理援助中的贡献

一、中华优秀传统文化在心理危机识别中的应用

（一）传统文化中的心理危机预警

中华优秀传统文化蕴含着丰富的心理健康智慧，为高校预防和识别学生心理危机提供了重要启示。我国古代思想家早已洞察到个体心理状态与外在言行举止的内在联系，如《礼记·中庸》指出："喜怒哀乐之未发，谓之中；发而皆中节，谓之和。"这表明个体情绪变化往往会通过面部表情、语言、行为等方式表现出来。因此，教师在日常教学活动中应学会敏锐地捕捉这些蛛丝马迹，从而及时发现学生的心理危机征兆。

《黄帝内经》中就提出"望、闻、问、切"的诊断方法，强调通过观察外貌神态、倾听语言声音、询问病史、切脉辨证来判断疾病。这一方法对于心理危机的识别同样适用。教师要学会综合运用多种信息渠道，如观察学生的情绪波动、倾听其倾诉、了解其生活状况等，才能准确把握学生的心理状况。尤其是一些心理问题早期往往表现隐匿，需要教师具备敏锐的洞察力和细致入微的观察能力。

中华优秀传统文化十分重视人与人、人与自然的和谐共处。传统思想启示我们，学生的心理健康离不开人际关系的和谐、生活环境的优化。因此，教师在心理危机预警中，要高度重视人际交往、家庭氛围等环境因素的影响，综合多方面信息来判断学生的心理状态。

此外，中华优秀传统文化还强调"慎独""克己复礼"的修身理念。这启示教师要引导学生加强自我认知、自我觉察，提高心理调适能力。通过开展传统文化教育，帮助学生正确认识自我，学会情绪管理，提升心理韧性，才能从源头上预防心理危机的发生。

（二）文化符号与心理状态识别

在中华优秀传统文化中，诸多文化符号都与个人的心理健康密切相关。比如，中国传统的阴阳学说认为，阴阳失衡会导致身心失调，由此衍生出的五行学说进一步指出，木、火、土、金、水五行与人体脏腑、情志相对应，五行失衡则会引发相应的心理问题。又如，中医学中的“形神合一”理论强调形体与精神的统一，身体的不适往往伴随着心理的失衡。这些传统文化符号蕴含的心理学洞见，对于当代心理健康教育仍具有重要启示意义。

在心理危机的识别中，文化符号同样发挥着不可忽视的作用。个体的言语、行为、穿着打扮等都携带着文化意义，传达出其内心世界的讯息。熟悉本民族文化符号体系的心理工作者，能够敏锐地捕捉到来访者言行举止中的异常，进而判断其是否处于心理危机之中。例如，在中华传统文化语境下，白色常常象征着丧葬哀悼，如果来访者突然偏好白色服饰，这可能预示着其心理状态的低落，值得心理工作者高度关注。类似地，来访者的肢体语言、面部表情等非语言符号也富含心理线索，如频繁触碰自己、眼神游移可能表明焦虑不安，面无表情则可能暗示抑郁情绪。解读这些文化符号传递的心理信息，有助于心理工作者及时发现心理危机苗头，为下一步的干预奠定基础。

要充分发挥文化符号在心理危机识别中的作用，心理工作者必须具备跨文化交流的意识和能力。不同文化背景下，同一符号的内涵可能大相径庭。倘若缺乏文化敏感性，就难以准确把握来访者的心理状态。如果对这种差异缺乏认知，就可能对来访者的心理活动产生误判。因此，心理工作者应主动学习不同文化的符号体系，在实践中不断提升多元文化意识，以更加全面、准确地解读来访者的心理信息。

在运用文化符号识别心理危机时，还要注意甄别符号的独特性和普遍性。一方面，我们要敏锐地觉察个体差异，认识到每一个来访者对文化符号的理解和运用都有其独特性。心理工作者不能简单地套用某种解读模式，而应结合来访者的成长背景、价值观念等进行个性化分析。另一方面，对于某些具有普遍性的文化符号，如哭泣常常表达悲伤，微笑往往传递愉悦，则可以作为心理状态评估的参考依据。心理工作者需要在个别性和共性之间寻找平衡，既要避免过度泛化，忽视个体差异，又要善于总结规律，提炼具有指导意义的洞见。

（三）传统智慧在心理评估中的运用

传统智慧特别关注个体的情绪体验和人格修养，强调通过自我觉察、自我反思来实现身心和谐。这与现代心理学所倡导的自我认识、自我接纳不谋而合。将传统智慧与现代心理测量技术相结合，有助于构建富有民族特色、符合大学生心理特点的评估模式。

具体而言，传统文化中的诸多概念和方法可以为心理评估提供有益启示。比如，儒家思想十分重视个人修养和道德品质，主张通过“克己复礼”“正心诚意”等方式陶冶情操、完善人格。这些理念可以引导我们在心理评估中关注大学生的价值观念、人格特质等内在心理品质。又如，道家思想讲究“法自然”“清静无为”，强调顺应自然规律、保持心境平和。这启示我们在评估过程中要尊重大学生的个体差异，引导其学会自我接纳、自我调适。再如，佛家“缘起性空”的智慧启发我们在解读心理测验结果时，要充分考虑个体所处的社会文化语境，注重评估的生态效度。

在评估工具的编制中，可以借鉴传统智慧的思维方式和表达风格。传统文化注重比兴手法，善于用富有哲理的警句、生动形象的比喻来表达深刻道理。这启示我们在设计测验题目时，可以适当融入传统文化元素，用贴近大学生生活经验、易于理解的语言来呈现，增强测验工具的亲和力和趣味性。

传统文化非常看重人与人、人与自然的和谐共处。在儒家看来，个体的心理健康离不开人际关系的协调；“仁者爱人”的胸怀有助于化解矛盾冲突。道家思想则强调人与自然的合一，顺应自然才能获得身心安宁。这提示我们在评估大学生心理健康状况时，要重点关注其人际交往能力、社会适应能力，以及对生命意义的感悟等。

传统文化中还有许多操作性很强的养生保健方法，如太极拳、茶道、香道、书法等，都能起到修身养性、陶冶情操的作用。这些方法简便易行，有着丰富的哲学内涵，深受当代大学生喜爱。在开展心理健康教育和咨询时，可以将其作为辅助手段，帮助大学生在潜移默化中实现自我认识、自我成长。

二、中华优秀传统文化在心理危机干预中的体现

（一）文化背景下的心理支持

中华优秀传统文化强调“天人合一”的思想，认为人与自然、人与社会是

一个有机的整体。这一理念有助于学生树立正确的世界观和人生观，认识到个人的心理问题与外部环境密切相关。在心理危机干预中，辅导员可以引导学生从更广阔的视角审视自己的困境，寻找个人与环境之间的平衡点，化解心理压力和冲突。

中华优秀传统文化重视“修身养性”，强调通过自我修养来提升心理素质。儒家思想中的“克己复礼”、道家思想中的“清静无为”等，都蕴含着深刻的心理调适智慧。辅导员可以引导学生借鉴这些思想方法，学会自我觉察和情绪管理，提高心理调节能力和抗压能力。通过加强自我修养，学生能够更好地应对各种心理挑战和危机。

中华优秀传统文化注重人际关系的和谐，强调“仁爱”“恕道”等处世原则。这些理念对缓解大学生的人际压力和冲突具有重要启示。辅导员可以引导学生学习传统文化中的人际智慧，培养宽容、谦逊、感恩的品质，学会换位思考和体谅他人。良好的人际关系能够为学生提供重要的社会支持，减轻心理压力和负担。

中华优秀传统文化还有许多具体的心理调适方法，如中医的“望闻问切”、道家的冥想术、佛家的禅修等。这些方法蕴含着丰富的心理治疗智慧，对现代心理学具有重要借鉴意义。辅导员可以在心理危机干预中恰当地运用这些传统方法，帮助学生放松身心、改善情绪、提升觉知力。将传统智慧与现代心理学相结合，能够增强心理干预的针对性和有效性。

（二）传统仪式与心理调适

在心理咨询过程中，咨询师需要努力理解来访者的处境和感受，站在来访者的角度思考问题，给予真诚的关怀和支持。这种具有同理心的态度，有助于营造安全、信任的咨询关系，使来访者感到被理解和接纳，从而敞开心扉，勇于面对和解决问题。

中华优秀传统文化注重人际和谐，强调“亲仁善邻”“兄弟和睦，朋友信谊”的处世之道。在家庭、社区等场域中，个人往往通过承担责任、互帮互助来维系紧密的人际网络，获得归属感和安全感。这一思想与心理咨询中重视人际支持系统的建设不谋而合。心理咨询认为，良好的社会支持有助于缓解压力、增强心理韧性。因此，咨询师常常鼓励来访者积极寻求家人、朋友的理解和帮助，或为其建立互助小组等支持性资源。这既是解决当前问题的需要，也有利于提升来访者未来应对挑战的能力。

中华优秀传统文化中的“克己复礼”“修身养性”等理念，强调个人应通过道德修养、自我完善来塑造高尚品格，进而实现人际关系的和谐。这一内省式的人格培育路径，与心理咨询中的自我认识和自我成长理念有异曲同工之妙。心理咨询强调，个人应勇于直面内心，探索自我，在自我觉察的基础上实现转变和提升。这既包括觉察和管理自身情绪，又包括反思和修正不合理的信念和行为模式。可以说，自我修养是优化人际关系的重要前提。唯有不断提升自我，方能在人际交往中散发魅力，赢得他人好感与尊重。

三、中华优秀传统文化在心理援助过程中的作用

（一）文化认同与心理支持

文化认同是推动心理援助的重要因素。当面临心理困扰时，来访者往往会寻求与自身文化背景相契合的帮助方式。这是因为，熟悉的文化语境能够给予个体归属感和安全感，使其更容易敞开心扉，表达内心的真实想法。同时，植根于本土文化的心理援助模式，也更有助于来访者理解和接纳援助者提供的观点和建议。

在中国文化语境下，传统的人际关系模式、道德伦理观念，深刻影响着个体的心理健康状况。例如，儒家思想强调个人对家庭和社会的责任义务，过分的自我牺牲可能导致心理负担过重。而道家哲学则主张顺应自然、无为而治，面对困境时过于消极退避，也可能延误解决问题的时机。这就要求心理援助者深入了解来访者所处的文化背景，站在对方的立场设身处地地分析问题，提供既符合主流文化价值取向，又契合个体实际需求的帮助。

心理援助本身也是一种文化实践。西方的心理咨询理论固然有其科学性和普适性，但在本土化应用时，仍需根据我国国情和服务对象特点进行必要的调适。譬如，在探讨个人成长议题时，西方理论往往强调自我价值的实现，而中国文化则更看重个人对家庭和社会的责任担当。心理援助者需要在尊重来访者自主性的同时，引导其审慎地权衡个人利益与集体利益，在追求自我发展和承担社会角色间取得平衡。唯有如此，才能增强心理援助的文化敏感性，提升来访者对援助过程的认可度和参与度。

塑造积极正面的文化认同，也是心理援助的重要内容。现代社会变迁加剧，传统文化受到前所未有的挑战，部分来访者出现文化认同迷失、价值观念混乱

的问题。这就需要心理援助者充分发掘中华优秀传统文化的时代价值，引导来访者重新审视和理解先贤的智慧结晶。例如，面对挫折和逆境，可以用“穷则变，变则通，通则久”的哲理启发来访者以开放、变通的心态看待困难；面对复杂多变的人际关系，可以用“己所不欲，勿施于人”的道德准则引导来访者换位思考，学会宽容和谅解。通过这种方式，个体不仅能够获得心理调适的策略和方法，更能在优秀传统文化的滋养下获得心灵的慰藉，重拾人生的信念和勇气。

（二）传统文化中的心理安抚技巧

中华优秀传统文化蕴含着丰富的心理安抚智慧，在危机干预与心理援助中发挥着独特的作用。传统文化中的仁爱、慈悲、豁达等思想，为心理危机干预提供了重要的理念指导。

在心理危机干预的具体技巧层面，传统文化也提供了诸多宝贵经验。比如，《论语》中就有“告诸往而知来者”的名言，强调倾听对方、了解来龙去脉的重要性。这与现代心理咨询中的倾听、共情等技巧不谋而合。又如，佛家的禅宗实践非常注重内省觉察，通过打坐、参公案等方式，帮助个体觉察自身情绪状态，看清执着烦恼的根源。这对于心理危机干预中的情绪管理、认知重构等策略颇有启发。

传统文化中的心理安抚技巧往往与哲学思辨、艺术创作等相结合，形成了独特的表现形式。例如，在道家的内丹修炼中，就强调通过呼吸吐纳、意守丹田等具体实践，化解心理郁结，达致身心合一。又如，在佛家的禅诗创作中，句句道破人生困境，字字点化心灵迷津，给人以极大的心理慰藉。这些传统智慧和方法虽然并非专门针对心理危机，但对于心理援助工作仍具有重要的借鉴价值。

在借鉴传统文化的心理安抚技巧时，我们也要注意结合当代社会心理需求和援助伦理，对其加以创新发展。一方面，传统文化中的有关思想和方法需要与现代心理学理论相互印证、相得益彰，形成科学系统的理论支撑。另一方面，传统智慧在运用过程中也需要考虑当事人的个体差异和具体情境，在尊重、平等、包容的前提下因材施教、对症施策。

（三）文化活动在心理援助中的应用

中华优秀传统文化博大精深，为心理援助提供了丰富的资源和灵感。比如，传统戏曲、民俗活动、诗歌吟诵等，都蕴含着宝贵的人文思想和审美情趣。将这些文化元素融入心理辅导活动，能够陶冶学生情操，激发其积极向上的情感体验。通过参与具有文化内涵的活动，学生能在潜移默化中获得心灵的滋养和情绪的疏导。

中华传统文化中的静心冥想、太极拳等方法，对于缓解压力、平复情绪也有独特的作用。在心理援助中，可以引导学生学习这些传统养生技法，通过调身养心来改善心理状态。这些源远流长的文化瑰宝，不仅能舒缓学生的情绪困扰，更能促进其身心健康的全面发展。

传统节日和重大历史事件纪念日也是开展心理援助的绝佳契机。通过举办与传统节日相关的文化活动，营造欢乐祥和的氛围，学生能在参与中感受到传统美德的熏陶，获得心灵的慰藉。而在历史事件纪念日，则可以通过开展主题教育活动，引导学生正确认识历史，汲取前人的智慧和力量，增强面对困难的勇气和决心。

将中华优秀传统文化融入心理援助，还有利于加强学生的文化自信和民族认同感。当代大学生正处于价值观形成的关键时期，他们的身心发展离不开文化的滋养。通过文化活动这一载体，引导学生继承和弘扬中华民族的优秀传统，能够坚定文化自信，增强民族自豪感，从而更好地确立人生目标，树立正确的价值观念。

在运用中华优秀传统文化开展心理援助时，还需要因事而化、因时而进。要充分考虑当代大学生的特点和需求，对传统文化进行创新性转化和时代性诠释，设计贴近学生实际、易于接受的活动形式。同时，还要注重将传统文化与现代心理学理论相结合，增强文化活动的科学性和有效性。

四、中华优秀传统文化在心理康复中的重要性

（一）传统文化中的康复理念

在传统文化视野下，心理康复不仅是消除症状、恢复功能的过程，更是一个涵盖身心灵多个维度的整体性复原过程。这种整体观念强调以人为本，注重个体的主观感受和独特需求，为开展个性化、人文化的心理康复服务奠定了基础。

中华优秀传统文化中的心性修养方法，如静坐冥想、太极拳等，都蕴含着调身养心、净化心灵的康复理念。这些方法强调身心合一，通过调理身体状态来改善心理状况。现代研究也证实，规律的冥想练习有助于减轻焦虑抑郁，改善情绪状态。将传统养生方式与现代心理治疗技术相结合，能够达到事半功倍

的康复效果。

中华优秀传统文化还特别强调环境因素对个体身心健康的影响。如中医“天人相应”理论认为，人体内环境与自然环境、社会环境密切相关，疾病的产生与环境失衡有着直接关系。这启示我们，心理康复不能仅局限于个体层面，还需注重营造良性的人文环境和社会氛围。通过家庭、社区等外部支持系统的建设，能够为来访者的康复创造有利条件。

中华优秀传统文化中的康复理念强调尊重个体主体性，将身心症状视为机体求助的信号，而非单纯的病理表现。这提醒心理工作者要重视来访者的主观感受，以开放、好奇的态度去倾听其内心声音，而非简单地对症状进行消除。只有充分调动来访者的主观能动性，康复工作才能事半功倍。

（二）文化活动对心理康复的促进

从情感表达的角度来看，文化活动为大学生提供了一个宣泄负面情绪、表达内心感受的渠道。当代大学生面临着学业压力、人际关系、就业择业等多重困扰，容易产生焦虑、抑郁等负面情绪。而参与文化活动，如加入校园合唱团、话剧社等，能够帮助大学生将这些负面情绪转化为艺术创作的动力，在声乐演唱、戏剧表演中抒发胸臆、宣泄不良情绪，从而获得情感的释放和心理上的放松。同时，文化活动还能激发大学生的积极情感体验，如参与传统诗词吟诵，能让其感受到中华文化的博大精深，激发民族自豪感和文化认同感；参与音乐创作，能让其体验创造的快乐和成就感，提升自信心和自我效能感。这些积极的情感体验都有助于大学生保持乐观开朗的心态，增强抗压能力和心理韧性。

从人际交往的角度来看，文化活动为大学生提供了一个拓展社交圈、增进人际理解的平台。在参与文化活动的过程中，大学生不可避免地要与他人合作、交流，这既能锻炼其沟通表达能力，又能帮助其学会换位思考、体谅他人。例如，在排练一场话剧时，演员们需要相互配合、默契协作，才能呈现精彩的舞台效果。在这一过程中，大学生能够学会站在他人的角度考虑问题，培养团队意识和集体荣誉感。又如，在参与传统书法绘画活动时，大学生能够与同好切磋技艺、交流心得，在亲密无间的互动中建立深厚友谊、获得归属感和安全感。这些良性的人际互动，都能够帮助大学生发展健全的人格，提升人际交往能力，增强社会适应能力。

从自我认识的角度来看，文化活动为大学生提供了一个探索内心、完善自我的契机。通过参与不同类型的文化活动，大学生能够全面认识自我，挖掘内在潜能，塑造积极自我形象。例如，在参与戏曲表演时，大学生需要深入分析人物性格、把握角色情绪，这一过程实际上也是自我反思、自我觉察的过程。通过对人物命运的思考和对角色情感的体验，大学生能够反思自身，探寻人生价值和生命意义，从而形成正确的世界观、人生观、价值观。又如，在参与音乐创作时，大学生需要挖掘内心情感，以音符抒发心声，这一过程实际上也是自我表达、自我实现的过程。通过不断尝试、修改、完善自己的作品，大学生能够建立起自信、从容、乐观的自我形象，提升自我认同感和幸福感。

（三）传统养生方法与心理康复

传统养生强调“天人合一”的整体观，认为人的身心是一个有机整体，与自然环境密切相关。这一理念与现代心理学的“生物—心理—社会”医学模式不谋而合。在养生实践中，通过顺应自然规律，调节起居作息，可以达到身心平衡、阴阳协调的目的。这种和谐、平衡的状态，正是心理健康的重要标志。对于心理问题的康复，养生法提供了一种整体调理的思路，而不是局限于对症状的对抗和控制。

养生之道还注重“静”的修炼。在古代养生家看来，唯有静，才能养心养性，消除杂念，获得身心的宁静与安顺。这种主张与现代心理治疗中的冥想、正念等方法异曲同工。通过静坐、内观等修习，个体可以觉察自身的情绪变化，学会平和地面对各种心理体验，从而减轻焦虑和抑郁的症状，提升心理韧性。可见，传统养生中的“静”不仅是一种生活方式，更是一种心理调节的技术，对于心理康复具有积极作用。

很多传统养生方法如太极拳、瑜伽等，都蕴含着丰富的身心整合理念和实践。这些方法通过调身、调息、调心相结合，使身体动作、呼吸节奏、意念活动达到高度的和谐统一。在练习过程中，个体不仅能够改善生理机能，还能体验到专注、放松、愉悦等积极的心理状态。这种良性的身心交互，对于缓解心理压力、改善情绪障碍有着独特的效果。现代医学研究也证实，太极拳、气功等传统养生方法能够有效降低焦虑抑郁水平，提高生活质量。

传统养生法还重视人际关系和社会支持在心理健康中的作用。有些理念虽然表述不同，但都体现了中华文化重视人与人、人与自然、人与社会和谐共处的价值追求。在养生实践中，常通过家族聚会、节日庆祝、社区互助等活动，加强社会联结，获得归属感和认同感。这种人际联结和社会参与，能够缓冲生活压力，为个体提供情感支持和必要帮助，对于预防和缓解心理问题至关重要。

参考文献

[1] 杜昀芳，刘永记．中华优秀传统文化［M］．北京：新华出版社，2021．

[2] 李光，肖珑，吴向东．中华优秀传统文化［M］．北京：北京理工大学出版社，2020．

[3] 马宁．中华优秀传统文化的传承与创新［M］．青岛：中国海洋大学出版社，2023．

[4] 苏全有．中华优秀传统文化概论［M］．郑州：河南人民出版社，2021．

[5] 靖治，陈鹏悦，何红娟．高校德育与心理健康教育研究［M］．延吉：延边大学出版社，2022．

[6] 彭彪．高校心理健康教育实效性研究［M］．北京：九州出版社，2023．

[7] 刘岗．高校大学生心理健康教育工作创新研究［M］．北京：北京工业大学出版社，2021．

[8] 刘爱华，王利华．高校心理健康教育教程［M］．北京：机械工业出版社，2022．

[9] 李焰，王伟明．高校心理健康教育新格局新发展［M］．上海：上海交通大学出版社，2023．

[10] 陈虹．新时代高校心理育人价值实现研究［M］．厦门：厦门大学出版社，2022．

[11] 高文，贺琳．新形势下高校“立德树人”教育［M］．北京：中译出版社，2021．

[12] 桑爱友．高校大学生心理健康教育与发展研究［M］．北京：九州出版社，2020．

[13] 李春晖．高校思想政治教育的心理理论模式研究［M］．北京：九州出版社，2020．

[14] 石晓帆．高校大学生心理健康教育研究［M］．长春：吉林出版集团股份有限公司，2020．

[15] 王刚，曹菊琴．大学生心理健康教育［M］．北京：北京理工大学出版社，2020．